Christian
Hafenecker

KURZ MAL WEG

Frank&Frei

Inhalt

Vorwort

Liebe Leser!

Warum braucht es ein Buch über den ÖVP-Korruptions-Untersuchungsausschuss, den vielleicht wichtigsten und brisantesten U-Ausschuss in der Geschichte der Zweiten Republik?

Ganz einfach: Macht braucht Kontrolle – und genau diese Kontrolle ist in den letzten Jahren, besonders seit dem Aufkommen des „Systems Kurz" und der schwarz-grünen Bundesregierung, massiv ausgehebelt und zurückgedrängt worden. Die Folge war eine über alle Stränge schlagende und jegliche guten Sitten über Bord werfende ÖVP, die in ihrem Machtrausch keine Grenzen mehr kannte. Der FPÖ und ihrer akribischen Aufdeckerarbeit seit dem Ibiza-Untersuchungsausschuss ist es maßgeblich zu verdanken, dass viele dieser Machenschaften überhaupt ans Tageslicht kamen.

Mancher Leser wird zurecht den Standpunkt vertreten, dass mit dieser ÖVP kein Staat mehr zu machen sei. Auch die FPÖ vertritt diesen Standpunkt. Solange DIESE ÖVP in ihrer Gesamtheit, also besonders auf Bundesebene, keine ernsthaften Konsequenzen aus ihrem Verhalten der Vergangenheit zieht und ehrlichen Willen zu einem Reform- und Reinigungsprozess zeigt, wird es schwer, „Gräben zuzuschütten". Die Volkspartei muss einsehen, dass die Republik kein Selbstbedienungsladen ist und das Parlament nicht als Kaffeekränzchen zum stummen Abnicken ihrer Vorhaben dient. Die letzten Jahre – insbesondere das „Corona-Regime" – haben jedoch gezeigt, dass die ÖVP auch ohne Sebastian Kurz weiterhin so „tickt" wie bisher.

Dieses Buch liefert den Lesern einen Überblick über die parlamentarischen Untersuchungen, die unter dem Titel „Ibiza" ihren Ausgang genommen und als „ÖVP-Korruptions-Untersuchungsausschuss" explizit den Blick auf die Malversationen der ÖVP gerichtet haben. Die beiden Ausschüsse sind als ein gemeinsamer Komplex zu betrachten, der vermutlich noch nicht zu Ende ist. Garniert mit der einen oder anderen „Insider-Geschichte", die man sonst nirgends lesen wird, soll das Buch auch als zeithistorisches Dokument und warnendes Beispiel für künftige Politiker-Generationen dienen, um zu zeigen, wie man mit Macht eben nicht umgeht und was passiert, wenn man politische Verantwortung schamlos missbraucht. Dies vor allem angesichts der aktuellen Spekulationen über ein politisches Comeback des „gefallenen Engels" der ÖVP, das sich auf den Kino-Leinwänden des Landes geradezu ankündigt.

Mein besonderer Dank gilt FPÖ-Bundesparteiobmann und Klubobmann Herbert Kickl für seine Unterstützung und seinen Rat, Klubdirektor Norbert Nemeth, dessen juristische Expertise dem gesamten Team jederzeit zur Verfügung stand, sowie meinen Kollegen in der freiheitlichen Fraktion – den Abgeordneten Susanne Fürst, Wolfgang Zanger und Christian Ries. Sie haben trotz hohem Stresspegel intensiv und hartnäckig an der Aufklärung des mit Sicherheit größten Skandal-Komplexes der Zweiten Republik gearbeitet. Das gilt auch für die Mitarbeiter im Team: Dominik, Birgit, Arno, Maxi, Eric, Yannick und Andreas. Zu guter Letzt ein herzliches Dankeschön an die Mitarbeiter der Parlamentsdirektion, die diesen Untersuchungsausschuss operativ am Laufen gehalten haben.

Ich wünsche viel Vergnügen mit der Lektüre!

Ihr Christian Hafenecker

Prolog: U-Ausschuss beendete die türkise Ära

Am 9. August 2023 stellte die Zentrale Staatsanwaltschaft zur Verfolgung von Wirtschaftsstrafsachen und Korruption, kurz WKStA, einen Strafantrag gegen den ehemaligen ÖVP-Bundeskanzler Sebastian Kurz und zwei seiner engsten Verbündeten: Bettina Glatz-Kremsner und Bernhard Bonelli. Der Vorwurf: Falschaussage unter Wahrheitspflicht in jeweils mehreren Fällen. Kurz und Bonelli sollen vor dem Ibiza-Untersuchungsausschuss die Unwahrheit gesagt haben, Glatz-Kremsner zusätzlich auch bei einer Zeugenvernehmung im sogenannten CASAG-Verfahren. Die vorgeworfenen Delikte betreffen allesamt den § 288 des Strafgesetzbuchs – Falsche Beweisaussage. Der Strafrahmen beträgt bis zu drei Jahren Freiheitsstrafe.

Der Strafantrag, der nun auf 108 Seiten vorliegt, ist die erste juristische Bilanz des ersten von zwei parlamentarischen Untersuchungsausschüssen, die sich im Kern mit Postenschacher und mutmaßlicher Korruption in der ÖVP und insbesondere in der Truppe rund um den gefallenen Jungstar Sebastian Kurz beschäftigt haben. Was diese erste parlamentarische Untersuchung betrifft, so kam dies durchaus überraschend, würde doch vom Nationalrat mit „Ibiza“ eine Bezeichnung gewählt, die klar in Richtung FPÖ deutete. Doch schon bald zeigte sich, dass die alkoholgeschwängerten Gedanken, die zwei ehemalige Freiheitliche auf der Mittelmeer-Insel äußerten, ein Produkt der Phantasie waren – einer Phantasie freilich, die anderswo durchaus reale Züge angenommen hatte, nämlich in der ÖVP.

Somit war auch der Ibiza-Untersuchungsausschuss bereits das, was dessen Nachfolger als offizieller Titel erhielt, nämlich ein Untersuchungsausschuss „zur Klärung von Korruptionsvorwürfen gegen ÖVP-Regierungsmitglieder", kurz „ÖVP-Korruptions-Untersuchungsausschuss".

Zum ersten Mal in der Geschichte der Zweiten Republik stand nicht ein in sich abgeschlossener Vorgang von Korruption als isoliertes Ereignis zur Diskussion und Aufarbeitung, sondern es ging um nichts weniger als um den Versuch, den Nachweis zu erbringen, dass eine kleine verschworene Clique von politischen Hasardeuren mit vollem Risiko, ohne Rücksicht auf das Gemeinwohl und bis in den letzten Winkel des Staates eine neue Form der Einflussnahme etabliert haben soll: den „Tiefen Staat" durch das Mittel der organisierten Korruption und Vetternwirtschaft.

Der Marsch des Sebastian Kurz und seiner Helfer an die Regierungsspitze wurde minutiös geplant, eingetaktet, verschriftlicht im „Projekt Ballhausplatz" und in den folgenden Jahren generalstabsmäßig umgesetzt. Zentral dafür war das Kapern der drei wichtigsten Säulen in der Republik: der Ministerien für Justiz, Finanz und Inneres. Zeitgleich wurden die Schlüsselpositionen in diesen drei Ressorts (und vielen anderen im Einfluss der ÖVP) mit türkisen Parteigängern besetzt. Die Justiz wurde auf Linie gebracht und es startete der nicht selten erfolgreiche Versuch, Medien zu kaufen, Journalisten einzuschüchtern und zu beeinflussen. Postenschacher und Freunderlwirtschaft waren nicht das Ziel, sondern lediglich ein Werkzeug.

Wir können nun ahnen, was es bedeutet, wenn nicht Mächtige korrupt werden, sondern wenn die Korrupten mächtig werden.

Die Umgestaltung der Republik zu einem Selbstbedienungsladen der ÖVP mit dem Zweck, Steuergelder abzugreifen und Institutionen zu kapern, diente einer schamlosen Machtergreifung und ist bisher beispiellos in der Geschichte Österreichs. Verglichen damit liest sich die ohnehin spektakuläre Liste vergangener Politskandale hierzulande wie eine Art Ouverture.

Es ist ein nicht unwesentlicher Aspekt der Freiheit, anderen auch sagen zu dürfen, was sie nicht hören wollen. Die ÖVP wollte nicht hören – fühlen musste sie trotzdem. An insgesamt 42 Tagen wurde in 85 Befragungen die Chronologie einer zunächst gelungenen, aber letztlich durch Maß- und Sorglosigkeit aufgeflogenen Machtübernahme minutiös aufgearbeitet und durchleuchtet – allen Störaktionen zum Trotz.

Die umfassende Aufdeckerarbeit hat sich in vielen Fällen positiv bemerkbar gemacht, insbesondere in personeller Hinsicht. Die türkise Ära Kurz ging mit dem Abschied des Kanzlers und weiteren Rücktritten der Minister Gernot Blümel, Margarete Schramböck und Elisabeth Köstinger abrupt zu Ende. ÖVP-Landeshauptleute vom Steirer Hermann Schützenhöfer bis zum Tiroler Günther Platter nahmen ihren Hut. „Mastermind" Thomas Schmid floh aus dem Land – nicht ohne davor sein Gewissen bei der Wirtschafts- und Korruptionsstaatsanwaltschaft zu erleichtern. Justiz-Strippenzieher Christian Pilnacek wurde entmachtet. Schwarz-türkise Netzwerke in unzähligen Ministerien und Behörden sind enttarnt.

Man kann daher mit Fug und Recht behaupten, dass es sich um den wichtigsten und signifikantesten U-Ausschuss in der Geschichte Österreichs handelt. Die unzähligen aufgedeckten Korruptionsskandale, die daraus gezogenen politischen Konsequenzen und die nationale wie internationale Berichterstattung untermauern das.

Die Aufklärungsarbeit ist damit noch nicht zu Ende. Es wird wohl einen dritten „ÖVP-Korruptions-Untersuchungsausschuss" geben, vielleicht sogar noch weitere. Denn die ÖVP hat ihre Plünderungsaktionen der Staatskasse noch nicht eingestellt. ÖVP-nahe Vereine und sogar Teilorganisationen griffen während der maßgeblich von der ÖVP verordneten, für viele schikanösen und ruinösen Corona-Politik mit beiden Händen in die „Koste es, was es wolle“-Geldtöpfe. Die Förderungsabwicklung wurde in einer eigens gegründeten, schwarz-grün besetzten Gesellschaft namens „COFAG“ vor den lästigen Blicken der parlamentarischen Kontrolle versteckt. Die Suche nach politischer Verantwortung wird daher umso wichtiger sein.

Ein zweites bedeutendes Minenfeld für die ÖVP bilden die von der türkisen Politik massiv begünstigten Machenschaften des Milliardärs René Benko im Zusammenhang mit der Möbelhandelskette Kika/Leiner. Der einst von der ÖVP gefeierte Retter, dem man für den Erwerb des Leiner-Hauses in der Mariahilfer Straße sogar an den Weihnachtsfeiertagen ein Gericht aufsperrte, zog sich blitzartig wieder zurück. Das Handelsunternehmen ist insolvent und setzt rund 2.000 Mitarbeiter auf die Straße. Die edlen Immobilien hat Benkos Signa-Konzern davor gewinnbringend verkauft.

Aber auch die Staatsanwälte sind längst noch nicht fertig mit ihrer Arbeit. Während Kurz und Co. sich vor Gericht wegen des Verdachts der Falschaussage verantworten müssen, wird im Hintergrund weiter ermittelt. Ob es auch in der aufgrund der hohen Strafdrohung von ein bis zehn Jahren Freiheitsstrafe für Kurz sehr unangenehmen Untreue-Causa zur Anklage kommen wird, wird die Zukunft zeigen. Entsprechende Hinweise führten im Oktober 2021 zu Hausdurchsuchungen unter anderem in der Zentrale der Österreichischen Volkspartei und schließlich zum Rücktritt des Kanzlers sowie zum Rückzug von Sebastian Kurz aus allen Bereichen der Politik. Ihm und zahlreichen anderen Beschuldigten wird vorgeworfen, auf Kosten des Steuerzahlers Umfragen im reinen Parteiinteresse beauftragt und damit bestimmte Medien „gefüttert“ zu haben.

Von diesen veritablen Gewitterwolken überraschend unbelastet zeigt sich der Ex-Kanzler selbst. Sebastian Kurz drängt zurück auf die politische Bühne. Er besuchte im August 2023 den ungarischen Ministerpräsidenten Viktor Orbán in Budapest und wurde dabei empfangen, als stünde noch er und nicht schon längst Karl Nehammer an der Spitze der österreichischen Regierung. Eine filmische Huldigung seiner Polit-Karriere („Kurz – Der Film") erschien im September überraschend und mit stattlicher Bewerbung kurz vor der lange angekündigten cineastischen Abrechnung mit den Türkisen unter dem Titel „Projekt Ballhausplatz".

Das selbstbewusste Auftreten des gefallenen ÖVP-Stars nährt Spekulationen über eine Rückkehr an die ÖVP-Spitze. Eventuell will Kurz aber auch höher hinaus – etwa nach Brüssel, wo nächstes Jahr nach der EU-Wahl wieder die ganz großen Posten ausgemauschelt werden.

Ob hinter dem Titel dieses Buches „KURZ MAL WEG" ein Rufzeichen oder doch ein Fragezeichen zu setzen ist, ob „Kurz mal weg" für immer gilt oder ob der Ex-Kanzler nur „kurz mal weg" ist, diese Frage ist heute nicht entschieden. Der längst eingetretene moralische und ideologische Bankrott der Österreichischen Volkspartei lässt jedenfalls wenig Zweifel daran, dass ein Comeback trotz aller Affären möglich scheint.

Diese Dokumentation zweier parlamentarischer Untersuchungsausschüsse über das „System Kurz" ist ein starkes Argument gegen die Auferstehung des einstigen türkisen Messias.

Anklage gegen Kurz und Konsorten

Noch bevor die ersten Medien am 18. August 2023 über die Anklage gegen Sebastian Kurz wegen des Verdachts der mehrfachen Falschaussage vor dem Untersuchungsausschuss berichten, machte der gefallene Kanzler selbst offiziell, worüber in Österreich in den Wochen davor immer intensiver spekuliert worden war. Auf der Plattform X, vormals Twitter, schreibt Kurz um 9:41 Uhr:

> *Mein Team und ich wurden gerade von mehreren Journalisten informiert, dass die Anklage wegen mutmaßlicher Falschaussage im U-Ausschuss unmittelbar bevorsteht. Aus diesem Grund möchte ich wie folgt Stellung nehmen:*
>
> *Es ist für uns wenig überraschend, dass die WKStA trotz 30 entlastender Zeugenaussagen dennoch entschieden hat, einen Strafantrag zu stellen. Die Vorwürfe sind falsch und wir freuen uns darauf, wenn nun endlich die Wahrheit ans Licht kommt und sich die Anschuldigungen auch vor Gericht als haltlos herausstellen.*
>
> *P.S.: Bemerkenswert und rechtsstaatlich nicht unbedenklich ist allerdings, dass die Medien einmal mehr vor den Betroffenen über den Verfahrensstand informiert sind. (→ Kurz 18.8.2023)*

Das Postskriptum hat eindeutig den Zweck, sich selbst in die Opferrolle zu begeben und die in der ÖVP verhasste Wirtschafts- und Korruptionsstaatsanwaltschaft anzugreifen. Es fällt somit in die Kategorie „Litigation PR". Mit diesem Instrument versuchen prominente Beschuldigte, den Verlauf ihrer Verfahren durch gezielte öffentliche Kommunikation zu beeinflussen. Insgesamt erweckt die Stellungnahme jedoch den Eindruck, dass hier nach wie vor ein Politiker spricht – jemand, dem dazu ein „Team" zur Verfügung steht, in dem man keineswegs nur Rechtsanwälte vermutet. Ein Eindruck, der sich – trotz dieser Anklage – in den folgenden Wochen und Monaten weiter festigen sollte und mittlerweile Anlass gibt zu Spekulationen über ein mögliches Polit-Comeback des Sebastian Kurz. Mehr dazu im Epilog.

Kurz drückte mit diesem „Tweet" mit der Berichterstattung zunächst den eigenen Stempel auf. Er machte sich selbst zur Quelle der für ihn unangenehmen Nachricht. „Causa Kurz – Ex-Kanzler geht von Anklage aus", meldete die „Austria Presse Agentur" um 10:46 Uhr unter Berufung auf den oben zitierten Tweet. Erst kurz nach der Mittagsstunde machte es die APA offiziell und titelte „Sebastian Kurz wegen Falschaussage angeklagt, Prozess ab 18. Oktober". Einmal mehr hatte der türkise Ex-Star also die Medien vor sich hergetrieben – wie es auch schon sein Markenzeichen als aktiver Politiker war.

§ 288 StGB – Falsche Beweisaussage

Doch worum geht es in dieser ersten Anklage gegen Sebastian Kurz und zwei weitere Beschuldigte aus seinem engsten politischen und persönlichen Umfeld? Wofür müssen sich Kurz, seine ehemalige Stellvertreterin an der ÖVP-Spitze Bettina Glatz-Kremsner und sein ehemaliger Kabinettchef im Kanzleramt Bernhard Bonelli verantworten? Der Anklage liegt ein einziger Paragraph des Strafgesetzbuchs zugrunde. Er bildet den Auftakt zum 21. Abschnitt des StGB zum Thema „Strafbare Handlungen gegen die Rechtspflege" und trägt die Nummer 288. Der erste Absatz, der für alle drei Angeklagten relevant ist, lautet:

Wer vor Gericht als Zeuge oder, soweit er nicht zugleich Partei ist, als Auskunftsperson bei seiner förmlichen Vernehmung zur Sache falsch aussagt oder als Sachverständiger einen falschen Befund oder ein falsches Gutachten erstattet, ist mit Freiheitsstrafe bis zu drei Jahren zu bestrafen.

Schauplatz dieser von der WKStA als erwiesen betrachteten Falschaussagen ist bei allen drei Angeklagten der Ibiza-Untersuchungsausschuss. Im Falle der ehemaligen Bundesparteiobmann-Stellvertreterin der ÖVP und Generaldirektorin der Casinos Austria AG, Bettina Glatz-Kremsner, kommt auch noch Falschaussage „als Zeugin in einem Ermittlungsverfahren nach der Strafprozessordnung vor der Staatsanwaltschaft bei einer förmlichen Vernehmung" hinzu.

Strafantrag

Die Zentrale Staatsanwaltschaft zur Verfolgung von Wirtschaftsstrafsachen und Korruption (WKStA) legt

Mag. Bettina GLATZ-KREMSNER,	geboren am 30. September 1962 in Wien; österreichische Staatsbürgerin,
Sebastian KURZ,	geboren am 27. August 1986 in Wien; österreichischer Staatsbürger,
Mag. Bernhard BONELLI, MBA	geboren am 11. Jänner 1983 in Korneuburg; österreichischer Staatsbürger,

zur Last:

So beginnt der Strafantrag der WKStA gegen Sebastian Kurz und zwei seiner engsten politischen Wegbegleiter. (→WKStA 9.8.2023, S. 1)

Die Vorwürfe gegen Glatz-Kremsner betreffen die CASAG-Affäre, die bereits im Buch „SO SIND WIR" ausreichend beleuchtet wurde. Die folgenden Ausführungen konzentrieren sich auf die Anklagepunkte gegen Sebastian Kurz und seinen ehemaligen Kabinettchef Bernhard Bonelli.

Kurz' Kampf um die Kronjuwelen der Republik

Die Vorwürfe gegen Sebastian Kurz in dem 108-seitigen Strafantrag drehen sich um die ÖBAG, die Österreichische Beteiligungs AG, in der die wichtigsten Staatsbeteiligungen an strategisch bedeutenden Unternehmen verwaltet werden. Das ÖBAG-Portfolio ist mit Stand Ende 2022 knapp 31 Milliarden Euro wert. Unter den insgesamt zehn Beteiligungen sind jene am Stromkonzern Verbund, am Mineralöl-Riesen OMV, an der A1 Telekom und an der Post die wichtigsten. Dazu gehören auch die Bundesimmobiliengesellschaft BIG und die Casinos Austria (→ ÖBAG). Letztere bildeten den Auslöser für die umfassenden juristischen Verfahren gegen zunächst freiheitliche, danach immer mehr ÖVP-Politiker.

Als Sebastian Kurz in Koalition mit den Freiheitlichen Ende 2017 Kanzler wurde, hieß die ÖBAG noch ÖBIB. Die Umwandlung erfolgte nach langen Vorbereitungsarbeiten erst im Februar 2019 durch die Wahl eines neuen, neunköpfigen Aufsichtsrats, der die Eigentümervertretung für die Republik Österreich wahrnehmen sollte. Der „Kurier" berichtete über die Bestellung:

> *Der Aufsichtsrat der ÖBAG besteht nunmehr aus den Kapitalvertretern Helmut Kern als Vorsitzenden, Günther Helm und Karl Ochsner als Stellvertreter sowie Iris Ortner, Susanne Höllinger und Christian Ebner. Als Vertreter der Arbeitnehmer sitzen Christine Asperger, Helmut Köstinger und Werner Luksch in dem Kontrollorgan. (→ Kurier 15.2.2019)*

Darüber hinaus wurde auch die Funktion des Vorstands für die neue Beteiligungs-Holding der Republik ausgeschrieben. Was damals in den Medien nach einer reinen Formalität klang, hatte eine lange Vorgeschichte, die dem Ex-Kanzler nun auf den Kopf zu fallen droht. Denn er soll der Strippenzieher in sämtlichen wichtigen Personalangelegenheiten gewesen sein, behaupten die Staatsanwälte Gregor Adamovic und Christine Jilek in ihrem Strafantrag. Sie widersprechen damit der Darstellung von Kurz und seinem Kabinettchef Bonelli, die sich genau deshalb wegen Falschaussage verantworten müssen.

Erster Schritt: Der richtige Aufsichtsrat

Zunächst geht es um das Zustandekommen des Aufsichtsrats. Kurz hatte in seiner Befragung im Ibiza-Untersuchungsausschuss am 24. Juni 2020 zwar bestätigt, dass er „Wahrnehmungen“ zur Besetzung des Eigentümer-Gremiums habe, eingebunden sei er aber nicht gewesen und schon gar nicht habe er selbst ausgewählt oder bestimmt, wer dem Aufsichtsrat angehören soll. Der Prozess sei im dafür zuständigen Finanzministerium unter dem damaligen Minister Hartwig Löger und dessen Generalsekretär Thomas Schmid in Zusammenwirken mit einem Nominierungskomitee gelaufen. Die Staatsanwälte kommen nach ihren Ermittlungen hingegen zu einer gänzlich anderen Einschätzung. Sie führen aus, dass Kurz tatsächlich

> *in einem als Zusatz zum Koalitionsabkommen von ihm unterfertigten Sideletter mit STRACHE ein Nominierungsrecht der ÖVP für den Aufsichtsrat der Beteiligungsgesellschaft vereinbart hatte, sich bei vielen Gesprächen zur Besetzung des Aufsichtsrats beteiligte und aktiv einbrachte, in Umsetzung dieser Nominierungsrechte sämtliche von der ÖVP zu benennenden Aufsichtsräte mit ihm selbst „abstimmen“ ließ, sodass diese Entscheidungen faktisch seiner vorherigen Zustimmung bedurften, er einzelne von LÖGER und MMag. SCHMID an ihn herangetragene Vorschläge – wie DDr. Martin WAGNER oder DI Stefan PIERER – ablehnte, die Position des Aufsichtsratsvorsitzenden Siegfried WOLF zusagte und als diese Besetzung wegen befürchteter Kritik iZm US-Sanktionen nicht gleich vorgenommen werden konnte, vorgab, dass jedenfalls vorerst Mag. Helmut KERN,*

MA Vorsitzender des ÖBAG-Aufsichtsrats werden solle. (→ WKStA 9.8.2023, S. 4f.)

Als Bürger mag man sich fragen, was denn so schlimm daran wäre, wenn ein Bundeskanzler sich dafür interessiert, in wessen Hände das Management der wertvollsten Unternehmensbeteiligungen der Republik und dessen Kontrolle durch den Aufsichtsrat gelegt werden. Tatsächlich wäre daran gar nichts Verwerfliches, hätte Kurz dieses Projekt nicht mit einer besonderen Akribie verfolgt und stünde genau diese Akribie nicht im Gegensatz zu dem Eindruck, den er und seine türkise Truppe vermitteln wollten.

Vater Ortner spendet Million, Tochter bekommt Prestige-Job

Laut den Staatsanwälten bestand ein Ziel bei der Umwandlung der ÖBIB in die ÖBAG darin, diesen Vorgang in der medialen Darstellung als „Entkoppelung von der Politik" zu verkaufen. Dieser Plan ging auch deutlich aus einer Aussage von Sebastian Kurz bei der Befragung im Untersuchungsausschuss hervor. Auf Fragen der NEOS-Abgeordneten Stephanie Krisper holte Kurz besonders weit aus und brachte – ziemlich oberlehrerhaft – folgendes Argument:

Darf ich Ihnen vielleicht noch eine Sache erklären, die ich für besonders relevant erachte: Sie reden immer von der Öbag. Wissen Sie, was vor der Öbag war? Vorher war es die Öbib. In der Öbib sind die Beteiligungen des Bundes genauso verwaltet worden. Wissen Sie, wer da als Aufsichtsrat oder im Nominierungskomitee gesessen ist? Das waren direkt Bundesminister, das waren direkt Politiker. (Abg. Brandstätter: Aber keine Spender!) Das heißt, vor der Öbag hatte die Regierung einen wesentlich direkteren Zugriff. (→ Parlament 16.7.2020, S. 53)

Der Zwischenruf des NEOS-Abgeordneten Helmut Brandstätter ist bereits ein deutlicher Hinweis darauf, warum es Kurz so wichtig war, seine Rolle bei der Aufsichtsrats-Bestellung klein zu reden. Krisper hatte nämlich bereits in ihrer Frage interessante Verbindungen mehrerer ÖBAG-Aufsichtsräte offengelegt:

> *Helmut Kern, Unterstützer von Ihnen im Wahlkampf 2017, ist der Vorsitzende, weiters Iris Ortner – vorhin schon erwähnt –, deren Vater 1 Million Euro an die ÖVP gespendet hat, und Günther Helm, stellvertretender Aufsichtsratsvorsitzender, der 2019 mindestens 45000 Euro an die ÖVP gespendet hat. (→ Parlament 16.7.2020, S. 52)*

Der Vollständigkeit und vor allem der Korrektheit halber sei darauf hingewiesen, dass der ÖBAG-Aufsichtsratspräsident Helmut Kern eine Parteispende in seiner Befragung vor dem U-Ausschuss vehement in Abrede stellte und der NEOS-Mandatarin Krisper die Verbreitung von „Fake News" vorwarf. (→ Parlament 24.6.2021/1, S.6) Auch Günther Helms Spende lässt sich nicht nachweisen. Die hier erwähnten 45.000 Euro kamen 2019 von der Österreich-Tochter der Drogerie-Kette Müller, in deren Geschäftsführung Helm in diesem Jahr gewechselt war. (→ Der Standard 21.8.2019)

Die auffällig hohe Zahlung von Klaus Ortner, dem Hauptaktionär der Baufirma Porr, hat jedoch die ÖVP „zitzerlweise" zugegeben, genauso zitzerlweise, wie man sie auch – zur Vermeidung von Rechnungshof-Meldungen – kassiert hat. Der damalige Generalsekretär Karl Nehammer legte im Juni 2019 eine Spenderliste für 2017 vor, auf der Ortner mit 438.000 Euro aufschien. (→ Kurier 21.6.2019) Allerdings war schon zu diesem Zeitpunkt von rund einer Million Euro die Rede, die mit den Zahlungen Ortners in den Folgejahren 2018 und 2019 zusammengekommen sein soll. (→ Heute 20.6.2019) Tatsächlich war die Tochter des Bau-Tycoons, Iris Ortner, eine der Auserwählten für den ÖBAG-Aufsichtsrat.

Russland-Sanktionen belasten Kurz-Freund Sigi Wolf

Ob Parteispender oder nicht, die Personen, die den Aufsichtsrat der ÖBAG bilden sollten, waren Sebastian Kurz enorm wichtig. Die WKStA zeigte sich davon überzeugt, dass es Kurz persönlich war, der zunächst den Unternehmer und ehemaligen Vorstandsvorsitzenden des Autozulieferers Magna, Siegfried Wolf, auf den Chefsessel des Eigentümergremiums hieven wollte. Das Problem dabei: Aufgrund seiner engen geschäftlichen Verbindungen mit dem russischen Oligarchen Oleg Deripaska und seinem Engagement für einen russischen Autobauer stand Wolf im Fokus des US-Interesses, denn die Weltmacht hatte damals schon Sanktionen gegen Deripaska verhängt. Doch so schnell gab sich der damalige Kanzler nicht geschlagen. Die Staatsanwälte beschreiben seine Bemühungen so:

> *KURZ hatte auf Drängen von WOLF bereits im Jahr 2018 mehrfach versucht, Vertreter der USA zu einem „Deslistung“ (dh die Holding Russian Machines LLC bzw deren Tochter GAZ von der US-amerikanischen Sanktionenliste zu streichen) zu bewegen. Da dies nicht gelungen war, vereinbarten KURZ und WOLF, dass WOLF rasch ein ihm schon in Aussicht gestelltes Aufsichtsratsmandat bei der PORSCHE Automobile Holding SE (PORSCHE SE) annehmen sollte. Die Überlegung war, dass möglicher Kritik an einer Bestellung von WOLF zum Aufsichtsratsvorsitzender der ÖBAG mit dem Argument, dass auch ein börsennotiertes bedeutendes deutsches Unternehmen die Sanktionen nicht als Hinderungsgrund sehen würden, hätte begegnet werden können. KURZ und WOLF hatten dazu eine Bestellung von WOLF zum Aufsichtsratsvorsitzenden der ÖBAG unmittelbar nach der Bestellung für die PORSCHE SE „Im Doppelschlag“ intendiert. (→ WKStA 9.8.2023, S. 38)*

Weil sich die Dinge allerdings doch länger hinzogen und im Februar 2019 Aufsichtsräte in den von der ÖBAG verwalteten Unternehmen neu zu wählen waren, sollte jemand anderer vorübergehend den Aufsichtsratsvorsitz der Staatsholding übernehmen, um den Einfluss der ÖVP bei den anstehenden Personalentscheidungen zu sichern.

Der vorgesehene „Lückenbüßer" scheitert an seinem schlechten Bekanntheitsgrad

Hier soll sich eine besonders skurrile Episode zugetragen haben, die den unbedingten Kontrollwillen des Ex-Kanzlers für die Anklagebehörde besonders deutlich zum Ausdruck bringt. Denn der Übergangskandidat war zwar von dem eigentlich zuständigen Finanzminister Löger und seinem Generalsekretär Schmid angesprochen worden, aber Kurz wusste nichts davon. „Der Standard" fasste die von der WKStA ermittelten Vorgänge so zusammen:

> *Die Wirtschaftsprüferin Christine Catasta, die dafür vorgesehen war, sprang in letzter Minute ab, die damalige PwC-Partnerin sah sich mit unlösbaren Compliance-Problemen konfrontiert. Finanzminister Hartwig Löger und Thomas Schmid, damals sein Generalsekretär und Fixstarter für den Öbag-Chefposten, fanden in der Folge eine Alternative: einen ehemaligen KPMG-Partner, der auch prompt zusagte. Er freue sich auf die „gute Zusammenarbeit", schrieb ihm Schmid bereits per Whatsapp.*
>
> *Der Mann saß auch schon im Auto in Richtung konstituierende Aufsichtsratssitzung, als aus dem Kanzleramt ein Njet kam. Der Grund dafür soll gewesen sein, dass weder Kurz noch sein Kabinettschef Bonelli den früheren KPMG-Partner persönlich kannten. Dies führte zu einer eher unangenehmen Situation: Für den Ex-KPMG-Chef sei die Sache „fixiert" und unmittelbar vor der Umsetzung gewesen,*

sagte er als Zeuge aus. Löger habe die Sitzung unter einem Vorwand abberaumen müssen, was ihm laut einer Aussage „sichtlich unangenehm war". (→ Der Standard 22.8.2023)

Wen der Kanzler und sein wichtigster Knecht nicht kennen, der kann in dieser Republik nichts werden, ist die unmissverständliche Botschaft, die hier also sowohl der Finanzminister und sein Generalsekretär als auch der „dahergelaufene" ehemalige KPMG-Chef namens Martin Wagner vernehmen mussten. Immerhin verfügt das weltweit tätige Wirtschaftsprüfungs- und Beratungsunternehmen KPMG allein in Österreich über neun Standorte und fast 2000 Mitarbeiter. (→ KPMG) Gut möglich, dass für den abgewimmelten ÖBAG-Vorstandkandidaten durch zu viel tatsächliche Arbeit die „Netzwerkpflege" zu kurz kam…

Die Wahl fiel schließlich auf jemanden, den Kurz zwar auch nicht persönlich kannte, dafür aber immerhin sein Kabinettchef Bernhard Bonelli, der sich mit seinem Ex-Chef die Anklagebank teilen darf. Nachdem die Zeit schon drängte, wurde der Plan blitzartig in die Tat umgesetzt, wie die WKStA ausführt:

Mag. BONELLI, MBA teilte dies am 4. Februar 2019 nach Vorgesprächen mit Mag. KERN, MA LÖGER mit und forderte ihn auf, in diesem Sinne mit Mag. KERN, MA Kontakt aufzunehmen. Tatsächlich setzte LÖGER diese Vorgabe um und bestellte die von Kurz und seinem Team gewünschten und genehmigten Personen. (→ WKStA 9.8.2023, S. 39)

Neben Helmut Kern waren das auf dem sogenannten „ÖVP-Ticket" die Bankerin Susanne Höllinger, der ehemalige Hofer-Chef Günther Helm und eben Iris Ortner. Karl Ochsner und Christian Ebner wurden ebenfalls bestellt, sie gelten als der FPÖ nahestehend. Drei Arbeitnehmervertreter komplettierten das im Februar 2019 bestellte Aufsichtsgremium für die neue ÖBAG, die mittels eines Gesetzesbeschlusses Ende 2018 aus der ÖBIB hervorging.

Ein Zugeständnis an die FPÖ bringt Kurz auf die Palme

Dass auch die Freiheitlichen für die Auswahl der Aufsichtsräte Vorschläge machen durften, war zuvor von Kurz noch heftig kritisiert worden. Eine entsprechende Vereinbarung bezog sich auf die auch sonst bei Aufsichtsrats-Nominierungen praktizierte „2:1-Regel". Das bedeutet, dass jene Partei, die das für die Aufsichtsratsentsendungen verantwortliche Ministerium führt, doppelt so viele Aufsichtsräte vorschlagen darf wie der Koalitionspartner. Im konkreten Fall der ÖBAG, für die das von ÖVP-Minister Hartwig Löger geführte Finanzressort zuständig war, bedeutete das bei sechs Aufsichtsräten, dass vier von der ÖVP und zwei von der FPÖ vorgeschlagen werden sollten.

Kurz sah das jedoch zunächst nicht ein und verwies auf einen im Zuge der Regierungsverhandlungen von ihm und Heinz-Christian Strache unterfertigten sogenannten Sideletter, also eine schriftlich festgehaltene Nebenabsprache, der zufolge alle vom Ministerium zu nominierenden Aufsichtsräte der ÖBAG von der ÖVP kommen sollten. Für die Staatsanwälte belegt die Existenz dieses Sideletters, von dem bis zum Auswahlprozess der Aufsichtsräte nicht einmal Finanzminister Löger und sein Generalsekretär Thomas Schmid etwas wussten, dass die ÖBAG und die damit verbundenen Postenbesetzungen Kurz persönlich von Anfang an ein zentrales Anliegen waren.

Dass im Zuge von koalitionsinternen Zwistigkeiten über die Kompetenzen der Finanzmarktaufsicht eine von diesem Sideletter abweichende Vereinbarung von Thomas Schmid und dem freiheitlichen Regierungsberater Arnold Schiefer geschlossen wurde, die der „2:1-Regel" entsprach, wusste Kurz laut den Ermittlungsergebnissen der Staatsanwälte. Er wusste es nicht nur, es regte ihn auch einigermaßen auf, weshalb sich Schmid, Löger und der ÖVP-Regierungskoordinator Gernot Blümel, damals Kulturminister, in einer Besprechung am 14. Jänner 2019 gegenüber dem Bundeskanzler und seinem Kabinettchef Bonelli rechtfertigen mussten.

Im Untersuchungsausschuss vermittelte Kurz jedoch den Eindruck, von der Vereinbarung nichts zu wissen. Ihr Inhalt wurde ihm in Form einer SMS-Kommunikation zwischen Strache und Löger vorgelegt. Kurz erklärte auf Fragen von NEOS-Mandatar Helmut Brandstätter zu dem durchaus konkret geschilderten Inhalt: „Das kann alles sein." (→ Parlament 16.7.2020, S. 16) Er fühle sich nicht imstande, Fragen zu SMS-Nachrichten zwischen Dritten zu beantworten. Bernhard Bonelli hingegen versuchte es mit dem beliebten „Modell Erinnerungslücke". Er sagte auf Frage von Verfahrensrichter Ronald Rohrer:

> *Ahhm, kann ich mich nicht genau erinnern, ob es da Vereinbarungen gegeben hat. (→ Parlament 13.4.2021, S. 6)*

„Friendly Fire": ÖVP-Abgeordneter bringt Kabinettchef auf die Anklagebank

Wegen der Anwesenheit Bonellis bei der Besprechung dieser Vereinbarung, die wie geschildert zu großer Verärgerung seines Chefs und Kanzlers geführt hat, nimmt die Anklagebehörde dem Beschuldigten diese Erinnerungsschwäche allerdings nicht ab und betrachtet sie als wissentliche Falschaussage. Sowohl Kurz als auch Bonelli müssen sich deswegen vor Gericht verantworten. Ebenso sind beide wegen des Abstreitens der Involvierung von Sebastian Kurz in den Prozess der Personalsuche für den ÖBAG-Aufsichtsrat angeklagt – Bonelli zudem, weil er auch selbst von kaum etwas gewusst haben und nur vom Finanzminister im Nachhinein erfahren haben will, wer ausgewählt wurde.

Paradox ist im letzteren Zusammenhang, dass Bonelli im U-Ausschuss durch „Friendly Fire" getroffen wurde. Die Fragen, deren Beantwortung dem Kabinettchef die Anklage einbrockten, stellte nämlich der ÖVP-Abgeordnete Klaus Fürlinger, im Zivilberuf übrigens Rechtsanwalt. Das Theater, das die beiden dem U-Ausschuss vorspielten, war aber auch zu durchsichtig. Der Dialog lief wie folgt ab:

> **Abgeordneter Mag. Klaus Fürlinger (ÖVP):** *Also Ihr Aufgabenbereich ist auch die Personalsuche. Jetzt komme ich konkret – Sie haben es ja zuerst schon ein bisschen beantwortet – zur Frage der Öbag-Aufsichtsräte. Sie sagen, es ist Sache des Finanzministeriums. Haben Sie persönlich Wahrnehmungen zu den Auswahlkriterien, vor allem zur Qualifikation der genannten Personen, die im Öbag-Aufsichtsrat drinnen sitzen?*
>
> **Mag. Bernhard Bonelli, MBA:** *Also ich gehe davon aus, dass hier die Qualifikation das entscheidende Kriterium war, und das war eine Entscheidung des Finanzministeriums, welche Personen hier im Aufsichtsrat vertreten sein sollen.*
>
> **Abgeordneter Mag. Klaus Fürlinger (ÖVP):** *Sie waren da selber nicht eingebunden?*
>
> **Mag. Bernhard Bonelli, MBA:** *Die Entscheidung trifft das Finanzministerium, wer dort entsprechend quasi nominiert wird, und ich wurde oder man wurde natürlich darüber informiert, welche Entscheidungen hier getroffen wurden. Da habe ich dann natürlich davon erfahren. (→ Parlament 13.4.2021, S. 24f.)*

Beschuldigtenstatus rettet Löger trotz Falschaussage vor der Anklagebank

Die WKStA führt im Strafantrag eine Fülle von Terminen als Beweise dafür an, dass Kurz und sein engstes Umfeld früh begannen, die Aufsichtsräte für die ÖBAG zu suchen – jedenfalls früher als der formal dafür zuständige Finanzminister Löger. Ab 21. Juni 2018 fanden immer wieder Termine und Chat-Absprachen statt, in die neben Sebastian Kurz und Thomas Schmid auch Bernhard Bonelli, dessen Vorgänger als Kurz-Kabinettchef Bernd Brünner, Gernot Blümels Kabinettchef Albert Posch und ÖVP-Bundesgeschäftsführer Axel Melchior eingebunden waren. Erst am 2. Jänner 2019 trat Hartwig Löger auf den Plan – zumeist allerdings nur als „Befehlsempfänger". Am 6. Februar teilte ihm sein Kabinettchef und Generalsekretär Schmid mit, dass es für die Konstituierung des ÖBAG-Aufsichtsrats grünes Licht aus dem Kanzleramt gibt:

> *BKA hat alles freigegeben. Können einladen. (→ WKStA 9.8.2023, S.77)*

Detail am Rande: Löger selbst entkam trotz seiner untergeordneten Rolle bei der Umsetzung der ÖBAG nur knapp einer Anklage wegen Falschaussage. Die WKStA stellt fest, dass er in seiner Vernehmung eine „Gefälligkeitsaussage" zugunsten von Sebastian Kurz gemacht habe. Löger behauptete – den offensichtlichen Vorgängen diametral entgegengesetzt –, er habe Kurz über den Nominierungsprozess der Aufsichtsräte teilweise informiert, „ihn aber nicht um seine Meinung oder gar seine Zustimmung gefragt". (→ WKStA 9.8.2023, S. 78). Laut den Staatsanwälten habe Löger dabei bewusst inhaltlich unrichtig ausgesagt, was nur deshalb nicht strafbar sei, weil Löger als Beschuldigter und nicht als Zeuge befragt wurde – und Beschuldigte dürfen vor der Staatsanwaltschaft und auch vor Gericht bekanntlich lügen.

Wozu das Ganze? Sicher nicht für ein paar „Peanuts" für Superreiche!

Der dritte Anklagepunkt gegen Sebastian Kurz handelt ebenfalls von der ÖBAG – diesmal allerdings nicht vom Aufsichtsrat, sondern vom Vorstand – also vom operativen Management. Man kann sich angesichts der bisher beschriebenen, durchaus emsigen und verbissenen Involvierung des türkisen Regierungschefs in die Suche nach „Honoratioren" für den Aufsichtsrat fragen: Wozu eigentlich das Ganze? Im Aufsichtsrat sitzen Personen, die keinerlei betrieblich wichtige Entscheidungen treffen, die höchstens eingreifen, wenn etwas aus dem Ruder läuft – und das auch nur dann, wenn sie ihren Einsatz wegen der in diesen Kreisen verbreiteten „Ämterkumulierung" nicht verschlafen. Die Vergütungen sind für die üblicherweise finanziell bestens betuchten Auserwählten maximal ein kleines Zubrot. Helmut Kern erhielt als Vorsitzender für das Gesamtjahr 2019 laut Corporate Governance Bericht 21.643 Euro und 84 Cent. Für seine beiden Stellvertreter gab es je 17.315,07 Euro, für einfache Mitglieder knapp 13.000 Euro. (→ ÖBAG 14.4.2020, S. 5)

Des Rätsels Lösung findet sich in der Person von Thomas Schmid, der schon damals langjähriger Kabinettchef und Generalsekretär im Finanzministerium war. Seine Macht wird dadurch am besten beschrieben, dass es heißt, man sei unter ihm Finanzminister gewesen. Sein Name fällt bereits in der ersten Zeile, die sich im 108-seitigen Strafantrag gegen Kurz, Bonelli und Glatz-Kremsner mit dem Ex-Kanzler beschäftigt. Kurz wird vorgeworfen, dass er

> *1. Auf die Frage, ob die Planung, dass MMag. SCHMID Vorstand der ÖBAG werden solle, von ihm ausgegangen sei und ob er bis zur Mitteilung von MMag. SCHMID, dass er sich für diesen ausgeschriebenen Posten (als Vorstand der ÖBAG) bewerben werde, nie mit ihm darüber gesprochen*

habe, dass er dies werden könnte, tatsachenwidrig angab, es sei nicht von ihm ausgegangen, soweit er sich erinnern könne, habe er ihn irgendwann davon informiert, dass er sich bewerben werde, es sei in den Medien ein Thema und allgemein bekannt gewesen, dass ihn das grundsätzlich interessiere und es sei immer wieder davon gesprochen worden, dass er ein potentiell qualifizierter Kandidat wäre und auf die weitere Frage, ob er im Vorfeld eingebunden gewesen sei, dies mit dem einschränkenden Zusatz – „eingebunden im Sinne von informiert" – bejahte, obwohl er selbst im Frühling/Sommer 2017 – schon lange vor ersten Medienberichten über die Vorstandsbesetzung – an MMag. SCHMID herangetreten war, um ihn mit der Vorbereitung der Strukturreform zu beauftragen und ihm mitgeteilt hatte, dass er seine (MMag. Schmids) Rolle in der Leitung der neu zu strukturierenden Beteiligungsgesellschaft sehe, nur wenige Monate später in einem als Zusatz zum Koalitionsabkommen von ihm unterfertigten Sideletter mit STRACHE ein Nominierungsrecht der ÖVP für den Vorstand der Beteiligungsgesellschaft vereinbarte und im Zuge der Umsetzungsphase die Bestellung von MMag. Schmid als den von ihm – in Effektuierung des Sideletters – in Aussicht genommenen Kandidaten befürworte und unterstütze; (→ WKStA 9.8.2023, S.4)

Dieser in maximal verschachteltem Juristendeutsch abgefasste Marathonsatz ist der wichtigste Vorwurf gegen den Ex-Kanzler in dieser Anklageschrift. Doch er bedarf, um die Tragweite des Zusammenspiels zwischen den beiden alten Freunden Kurz und Schmid einschätzen zu können, einiger Klarstellungen und Konkretisierungen.

Die richtige Auswahl erspart die regelmäßige Einflussnahme

Kurz' Herumgedruckse im U-Ausschuss zum Thema Schmid als ÖBAG-Vorstand geht aus der Zusammenfassung der WKStA sehr gut hervor. Die Relevanz der Suche nach „geeigneten" Aufsichtsräten machte Kurz auf eine Frage der NEOS-Abgeordneten Stephanie Krisper selbst deutlich:

> ***Sebastian Kurz:*** *Die Entscheidung über die Bestellung liegt beim Aufsichtsrat. Der Aufsichtsrat hat diese Entscheidung getroffen; und ich habe vorher schon beantwortet, dass ich den Thomas Schmid für qualifiziert erachte und dass ich auch informiert war, dass er sich bewirbt, und dass ich danach informiert wurde, dass die Bewerbung gut gemacht wurde und er auch bestellt wurde.*
>
> ***Abgeordnete Dr. Stephanie Krisper (NEOS):*** *Auch auf den Aufsichtsrat kann man Einfluss nehmen. Demnach: Beantworten Sie bitte meine Frage, ob Sie versucht haben, auf die Bestellung Einfluss zu nehmen!*
>
> ***Sebastian Kurz:*** *Ich habe nicht den Aufsichtsrat beeinflusst. Der Aufsichtsrat ist in seiner Entscheidung frei. (→ Parlament 16.7.2020, S. 19)*

Man kann getrost annehmen, dass eine Beeinflussung des Aufsichtsrats nicht mehr nötig war, so gewissenhaft wie sich Kurz und sein Umfeld im Vorhinein darum kümmerten, dass die „richtigen" Personen Teil des Gremiums wurden.

Selten wirkte Sebastian Kurz bei seiner Befragung im Ibiza-U-Ausschuss so locker wie hier.

Thomas Schmid: ÖBAG-Architekt in eigener Sache

Die WKStA geht auf Basis ihrer Ermittlungen davon aus, dass Thomas Schmid bereits im Sommer 2017 – also vor der Nationalratswahl und damit lange vor dem Abschluss einer Regierungsvereinbarung mit den Freiheitlichen – von Sebastian Kurz „noch als Außenminister aber in der Erwartung nach der Nationalratswahl Bundeskanzler zu werden", beauftragt wurde, die Umstrukturierung der ÖBIB zur ÖBAG vorzubereiten. Schon bei dieser Gelegenheit soll Kurz seinem langjährigen Weggefährten die Leitung der neuen Gesellschaft in Aussicht gestellt haben. Das soll dieser – mittlerweile zur Kronzeugenschaft gegen seinen früher „geliebten" Kanzler wild entschlossen – in einer seiner umfangreichen Einvernahmen ausgesagt haben.

Die WKStA führt neben Schmids Aussagen einen weiteren Beweis an, der auf die Auswertung von Schmids Mobiltelefon zurückzuführen ist. Demnach soll Schmid bereits im Mai 2017 einem Freund mitgeteilt haben, dass er gefragt worden sei, die Führung in der österreichischen Beteiligungsgesellschaft zu übernehmen („I am asked to take over the lead of austrias national management holding"). Im Juni 2017 wiederum habe er – laut WKStA unmittelbar nach einem Termin mit dem damaligen Kurz-Mastermind Stefan Steiner – einem weiteren Dritten freudig mitgeteilt, dass er „von Sebastian offiziell den Auftrag bekommen" habe hinsichtlich „Beteiligungen". (→ WKStA 9.8.2023, S. 65f.)

An dem wichtigen Auftrag arbeitete Schmid sogar in Washington, wo bereits im Juli 2017 eine Besprechung über die Reform der ÖBIB stattgefunden haben soll. Teilnehmer war neben Schmid unter anderen der damalige Sektionschef im Finanzministerium und spätere Finanzminister in der „Expertenregierung", Eduard Müller. Immer wieder wurden Kurz und Steiner von Schmid auf dem aktuellen Stand gehalten, etwa im November 2017, als Schmid Kurz über ein FPÖ-internes Gespräch und über die Vorstellungen der Freiheitlichen zur „ÖBIB neu" berichtet – mit dem Nachsatz:

Cooler Deal für die ÖVP. (→ WKStA 9.8.2023, S. 68)

Neuer Stil mit ganz alten Methoden

Die folgende, ebenfalls auf Basis von Schmid Aussagen geschriebene Passage zeigt das doppelte Gesicht des Sebastian Kurz. In der Öffentlichkeit war er darauf bedacht, einen „neuen Stil" zu verkörpern, im Hintergrund hielt er die Fäden umso fester in der Hand und lebte ein System des politisch motivierten Postenschachers:

Die neue Aktiengesellschaft sollte medial als „Entkoppelung von der Politik" dargestellt werden. Die persönliche Einflussmöglichkeit für KURZ sollte dennoch durch mehrere Maßnahmen sichergestellt werden: So sollte mit MMag. SCHMID ein persönlich Vertrauter die Position des Vorstandes bekleiden und auch die Mehrheit des Aufsichtsrates sollte aus Personen bestehen, die sich KURZ gegenüber loyal verhalten, dh seine Wünsche und Vorgaben umsetzen. KURZ, dem Personalentscheidungen grundsätzlich sehr wichtig waren und der diese selbst treffen bzw zumindest um Zustimmung gefragt werden wollte, war die Besetzung des ÖBAG-Aufsichtsrates und insbesondere des Vorsitzes besonders wichtig, weil nicht nur die dortigen Aufsichtsratspositionen in seinem Fokus standen, sondern auch dadurch mittelbar die diversen Aufsichtsratspositionen der Beteiligungsunternehmen. (→ WKStA 9.8.2023, S. 35)

Schmid musste für die versprochene Belohnung hart arbeiten. Er setzte die neue Struktur der ÖBAG auf und koordinierte die dafür nötige Gesetzesänderung. Nebenbei musste er noch die Medien in Zaum halten. Der „Kurier" etwa wollte Schmid bereits im Februar 2018 – also mehr als ein Jahr vor seiner Bestellung – als „gesetzt" für den Posten des Vorstands präsentieren. Schmid selbst gelang es, durch das Legen falscher personeller Fährten die Aufmerksamkeit von sich abzulenken.

Parallel dazu war es seine Aufgabe, den Überblick über die zu besetzenden Posten zu behalten. Kurz wollte absolut nichts dem Zufall überlassen:

Um dies zu gewährleisten, musste MMag. SCHMID am 22. Juni 2018 im Bundeskanzleramt dem Team aus Mitarbeitern des Bundeskanzleramts und der ÖVP-Bundespartei bestehend aus Axel MELCHIOR, Mag. BONELLI, MBA, Mag. (FH) Bernd BRÜNNER, M.A.I.S, Dr. Albert POSCH, LL.M.

und Christoph SCHMIDT, MScm LL.M. eine Liste mit sämtlichen Funktionsperiode (ua) der Aufsichtsräte der Beteiligungsunternehmen präsentieren". (→ WKStA 9.8.2023, S. 36)

Es handelt sich bei den hier genannten Personen um den engsten Kreis um Sebastian Kurz – um „Prätorianer“, die an seinem Aufstieg teilweise von der ersten Stunde an mitgewirkt hatten – Stichwort „Projekt Ballhausplatz“, über das hier noch zu lesen sein wird.

Kriegst eh alles, was du willst

Im Dezember 2018 passierte die für die Umstrukturierung nötige Änderung des ÖIAG-Gesetzes den Nationalrat. Wenige Tage danach und knapp vor Weihnachten sollen sich Kurz und Schmid darüber unterhalten haben, dass Schmid in den von der ÖBAG verwalteten Unternehmen die Position des Aufsichtsratsvorsitzenden übernehmen solle. Zumindest teilte Schmid dies seiner Assistentin per Chat mit und informierte sie auch, dass Kurz diesen Plan unterstütze. Für die WKStA ist deshalb klar:

Dies zeigt einmal mehr, dass zwischen KURZ und MMag. SCHMID dessen Vorstandsbestellung den weiterführenden Überlegungen schon stillschweigend zugrunde gelegt wurde. (→ WKStA 9.8.2023, S. 72)

Der Plan ging auf und Schmid realisierte zunehmend sein Glück. Am 13. März 2019 bat er Kurz, ihn nicht zu einem „Vorstand ohne Mandate“ zu machen. Kurz mittlerweile legendäre Antwort war der von drei Kuss-Smileys gefolgte Satz:

kriegst eh alles, was du willst 😘😘😘
(→ WKStA 9.8.2023, S. 73)

Das Finale der großen Inszenierung ging am 27. März 2019 über die Bühne. Der Aufsichtsrat der ÖBAG wählte – wenig überraschend – Thomas Schmid zum Alleinvorstand der Beteiligungsgesellschaft. Der von Kurz und Bonelli handverlesene Aufsichtsratsvorsitzende Helmut Kern gab „zufrieden", wie es in der Presseaussendung heißt, bekannt:

> *Der Beschluss war einstimmig. Alle Kapital- und Arbeitnehmervertreter haben die Entscheidung mitgetragen. Der Aufsichtsrat steht geschlossen hinter Thomas Schmid und wir sind überzeugt, dass wir mit ihm den besten Kandidaten zum Vorstand gewählt haben. (→ ÖBAG 27.3.2019)*

Zwei Tage später brach es erneut aus Schmid heraus. Er dankte seinem Kanzler in ergriffenen Worten:

> *Dass du mir diese Chance gibst mich zu beweisen ist so grenzgenial! Habe mörder Respekt davor und es wird echt cool! Danke für alles und es taugt mir so in Deinem Team sein zu dürfen! (→ WKStA 9.8.2023, S. 73)*

Immer zwei Schritte voraus – Das Postenkarussell dreht sich weiter

Wie sicher sich die türkisen Strippenzieher ihrer Sache waren, beweist der frühe Zeitpunkt, zu dem sie die Planung der Nachfolge von Thomas Schmid auf seinen wichtigen Posten im Finanzministerium in Angriff nahmen. Zur Erinnerung: Am 4. Februar 2019 erging der Auftrag von Kanzleramts-Kabinettchef Bonelli an Finanzminister Löger, mit Helmut Kern Kontakt aufzunehmen zu dem Zweck, ihm den Aufsichtsratsvorsitz der ÖBAG anzubieten. Nur zwei Tage später nahm Bonelli erneut Kontakt mit Löger auf. Ziel war es laut WKStA, Lögers „Überlegungen zur Nachfolge für MMag. SCHMID als Kabinettchef und Generalsekretär des BMF zu erfragen". (→ WKStA 9.8.2023, S. 39)

Zu einem Zeitpunkt, als die von Kurz gewünschte Person noch gar nicht im Amt war – Helmut Kern wurde erst am 15. Februar 2019 zum Aufsichtsratsvorsitzenden gewählt – war Bonelli also bereits zwei Schritte voraus. Auch die Bestellung Schmids zum Vorstand war bereits in seinen Handlungen „eingepreist". Kein Wunder, soll der Kandidat doch über seine Sekretärin an der Ausschreibung seines eigenen Traumjobs mitgewirkt haben, indem er „internationale Führungserfahrung" als Voraussetzung streichen ließ. (→ ORF.at 28.3.2021)

Bonelli machte sich indessen also bereits Sorgen um die nächste wichtige Personalentscheidung, die ebenfalls im Sinne des Kanzlers ausfallen musste. Sie wurde letztlich noch vor Schmids Bestellung zum Vorstand getroffen. Wieder mischte sich das Kanzleramt massiv in die Belange von Finanzminister Löger ein, lobbyierte für Dietmar Schuster als Nachfolger Schmids. Schließlich einigte man sich auf eine Doppellösung. Schuster wurde Generalsekretär und damit Chef des riesigen Beamtenapparats, Lögers Wunschkandidat Rainer Rösslhuber dafür Kabinettchef und Leiter von Lögers persönlichem Büro. Das Abstreiten einer Involvierung und sogar jeden Wissens über die Personalauswahl im Kabinett des Finanzministers brachte Bonelli einen vierten Anklagepunkt ein.

Die Suche nach dem Motiv

Nun war es also vollbracht: Wunschkandidat Thomas Schmid hatte den Thron des Alleinvorstands der ÖBAG erklommen. Ein langjähriger treuer Freund und Wegbegleiter von Sebastian Kurz war für seinen Einsatz belohnt worden. Aber ein zweites Mal stellt sich die Frage: Wozu das Ganze? Diesmal bezieht sie sich nicht auf die minutiös geplanten Vorgänge rund um die Bestellung von Aufsichtsrat und Vorstand, sondern auf die Aussagen von Kurz und Bonelli im Ibiza-Untersuchungsausschuss – konkret auf jene Aussagen, die laut WKStA Falschaussagen waren.

Auf einen einfachen Nenner gebracht: Warum haben die beiden ihre Involvierung, ihr Engagement nicht einfach zugegeben? So lange niemand bestochen oder erpresst wird, um Thomas Schmid zum Vorstand zu bestellen, so lange niemand Zahlungen an die ÖVP leisten muss, um einen Posten zu erhalten (freiwillige Spenden sind hier nicht betroffen), sind die Vorgänge wohl nicht strafrechtlich relevant. Postenschacher ist zwar nicht gerade schön, aber in Österreich leider eine alte Tradition. Deshalb müssen sich auch die Staatsanwälte die Frage gefallen lassen: Warum sollten Kurz und sein engster Mitarbeiter so oft und so eindeutig die Unwahrheit sagen, wenn sie sich damit ein größeres juristisches Risiko aufhalsen, als wenn sie einfach die Wahrheit gesagt hätten? Die WKStA hat auch hier ihre Hausaufgaben gemacht:

> *Motiv von KURZ für die Falschaussagen war ausschließlich, politische Nachteile für sich persönlich und die „neue ÖVP" abzuwenden, weil eine wahrheitsgemäße Aussage zu den in Rede stehenden Postenbesetzungen politische Postenbesetzungen und „Postenschacher" offenbart hätte und dies mit der von KURZ ab seiner Wahl zum Bundesparteiobmann der ÖVP propagierten Marke „neuer Stil" (im Sinne einer „neuen Politik, jenseits von Proporz, Abtausch und faulen Kompromissen" [vgl. „Projekt Ballhausplatz"], in diametralem Widerspruch stand. Die Falschaussage zielte ausschließlich darauf ab, sich der politischen Verantwortlichkeit zu entziehen und die öffentliche Wahrnehmung seiner Politik nicht zu beschädigen. Mag. BONELLI, MBA handelte aus demselben Motiv und sagte ausschließlich deshalb falsch aus, um (seinen „Chef", langjährigen Freund und Trauzeugen) KURZ und die ÖVP vor den dargestellten politischen Nachteilen zu schützen. (→ WKStA 9.8.2023, S. 43)*

Auch für diese Einschätzung, wonach es Kurz vor allem um seinen politischen Ruf zu tun war, liefern die Staatsanwälte spannende Beweise bzw. Indizien. Dabei sticht vor allem ein Papier heraus, das bei der mittlerweile verurteilten Ex-Ministerin Sophie Karmasin sichergestellt wurde. Es handelt sich um eine Sammlung „kritischer Fragen" für Schmids bevorstehendes Hearing im Rahmen des ÖBAG-Vorstandsbestellung. Karmasin erhielt dieses Dokument von Schmids damaliger Assistentin. Die Fragen betreffen genau jene „Problembereiche", mit denen Kurz auch im Untersuchungsausschuss konfrontiert wurde und die er um jeden Preis in Abrede stellen wollte, zum Beispiel:

- *Sie haben eine enge Beziehung zu Sebastian Kurz, haben Sie das schon voran ausgemacht, dass Sie ÖBAG Vorstand werden? Wann genau/wie oft haben Sie mit SK (Sebastian Kurz, Anm.) über Ihre Bewerbung gesprochen?*

- *Der Aufsichtsrat der ÖBAG gliedert sich in Kapital,- und Arbeitnehmervertreter. Die FPÖ sitzt auf 2 Tickets, die SPÖ schickt drei Arbeitnehmervertreter. Wie war das vorab ausgedealt worden, dass die ÖVP vier Kapitalvertreter erhält?*

- *Helmut Kern hat ein sehr gutes Verhältnis zu Sebastian Kurz aber keinerlei Industrieerfahrung – wieso hat ihr vorheriger Chef Hartwig Läger ihn als AR Vorsitz letztendlich trotzdem ausgewählt?*

- *In medialen Berichterstattungen war für den ÖBAG Aufsichtsrat immer wieder Sigi Wolf im Gespräch, wurde er letztendlich verhindert?*

- *Wurden die Kapitalvertreter aufgrund ihrer fachlichen Eignung ausgewählt oder zählt nur mehr Parteinähe?*

- *Können Sie politischen Einfluss auf ÖBAG/Beteiligungen unter Ihrer Ägide zu 100 Prozent ausschließen? Wie würden Sie im Falle konkreter politischer Interventionen agieren? Gab es bis dato Versuche politischer Interventionen in irgendwelcher Form? (→ WKStA 9.8.2023, S. 84f.)*

Kurz zum Zeitpunkt der Falschaussagen im „Corona-Hoch"

Schließlich sind bei der Suche nach dem Motiv für die mutmaßlichen Falschaussagen zwei Umstände besonders zu beachten:

1. Kurz hatte laut WKStA zum Zeitpunkt seiner Aussagen keine Anhaltspunkte dafür, dass seine Chats mit Thomas Schmid bekannt würden, zumal Schmid damals selbst noch davon ausging, dass er diese unwiederbringlich gelöscht habe. Kurz' Risiko, bei der Falschaussage ertappt zu werden, war also aus damaliger Sicht gering, auch wenn er selbst das anders darstellte.

2. Für Kurz – das gerät in der schnelllebigen Politik rasch in Vergessenheit – ging es damals noch um alles. Er war zum Zeitpunkt seiner Aussagen am 24. Juni 2020 noch Bundeskanzler. Und nicht nur das: Er hatte seiner eigenen Wahrnehmung nach das Land gerade mit Mut, Umsicht und Entschlossenheit durch die ersten drei Monate der Corona-Krise geführt, hatte einen Lockdown verhängt (→ ORF.at 15.3.2020), die Einschränkungen dann aber nach Ostern im Stil eines gütigen Herrschers Schritt für Schritt zurückgefahren (→ Bundeskanzleramt 6.4.2020), ehe ab 15. Juni 2020 als Letztes eine eingeschränkte Maskenpflicht im öffentlichen Verkehr, in Gesundheitseinrichtungen und bei körpernahen Dienstleistern wie dem Frisör verblieb. (→ Kleine Zeitung 29.5.2020) Das kam in der Bevölke-

rung damals noch extrem gut an. Am 27. Juni 2020 – drei Tage nach seiner Einvernahme – veröffentlichte das Meinungsforschungsinstitut OGM eine Umfrage, der zufolge 42 Prozent bei einer Nationalratswahl die ÖVP wählen würden (→ OGM 27.6.2020) – also rund doppelt so viele Bürger wie heute nach dem Rücktritt von Kurz, der Kurzzeit-Kanzlerschaft von Alexander Schallenberg und mittlerweile fast zwei Jahren Karl Nehammer an der Regierungsspitze.

OGM – Sonntagsfrage Nationalratswahl Juni 2020

27. Juni 2020

NRW Sonntagsfrage Juni 2020

	In Prozent
ÖVP	42
SPÖ	19
FPÖ	13
Grüne	16
NEOS	8
Andere	2

Eine Umfrage aus besseren Zeiten für die ÖVP: Kein Wunder, dass Sebastian Kurz sein Image bei seiner Aussage vor dem U-Ausschuss besonders wichtig war und er zu dessen Rettung möglicherweise auch das Risiko einer Falschaussage in Kauf nahm. (→ OGM 27.6.2020)

Abschließend bewerten die Staatsanwälte auch die Verantwortung der Beschuldigten sowie Aussagen weiterer Personen aus deren engem politischem Umfeld. Dabei sticht für die Ermittler folgendes heraus:

Zusammengefasst zeigt sich ein Gesamtbild, wonach befragte Mitbeschuldigte oder Zeugen abhängig von der Nähe und der spezifischen Loyalität zu den Beschuldigten entweder eigene Erinnerungen in weitem Umfang bestritten, oder wie LÖGER, Mag. BLÜMEL, MBA, Mag (FH) BRÜNNER, M.A.I.S. oder WOLF Aussagen tätigten, die in offenem Widerspruch zu objektiven Beweisergebnissen wie den zahlreichen Chatnachrichten, E-Mails, Kalendereinträgen und sonstigen physischen oder elektronischen Dokumenten stehen. (→ WKStA 9.8.2023, S. 94)

Aufbauend auf dem in diesem Kapitel auszugsweise vorgestellten Strafantrag versucht die WKStA nun vor Gericht, die Strafbarkeit der Handlungen von Sebastian Kurz, Bernhard Bonelli und Bettina Glatz-Kremsner zu beweisen. Ob dies gelingt, wird die Hauptverhandlung zeigen, die zeitgleich mit dem Erscheinen dieses Buches Mitte Oktober 2023 beginnt. Für die Angeklagten gilt jedenfalls die Unschuldsvermutung.

Thomas Schmid – Ein Mann und sein Handy packen aus

Rund 300.000 Chatnachrichten brachten die Republik an den Rand des politischen Zusammenbruchs. Ihr Versender bzw. Empfänger: Thomas Schmid, bis dahin nur in Politik- und Medienkreisen ein Name. Seine Nachrichten machten ihn schlagartig zu einer der bekanntesten und meistdiskutierten Personen des Landes. Und er wurde unfreiwillig zum Totengräber der „Neuen Volkspartei", der er seinen rasanten Auf- wie Abstieg zu verdanken hatte.

„Ich bin einer deiner Prätorianer der keine Probleme macht sondern löst", schrieb Schmid 2018 an Kurz. Als die „Chat-Bombe" im Laufe des Jahres 2021 platzte und gleich mehrere Schockwellen über Österreich schwappten, sah es plötzlich anders aus.

Schmid tritt nach Hausdurchsuchungen bei der ÖVP zurück

Schmid, den wir im vorigen Kapitel als großen Architekten und Strippenzieher im dichten Netzwerk zwischen Staat und ÖVP kennengelernt hatten, war vom Vorstandssessel der ÖBAG aus tief gefallen. Im Juni 2021 zog er sich von diesem Traumjob zurück, den er in enger Abstimmung mit Kanzler Sebastian Kurz für sich selbst maßgeschneidert hatte. Er ließ dabei eine persönliche Erklärung veröffentlichen, in der es hieß:

Ich habe mich in diesen privaten Chats in einer Art über Menschen, Organisationen und politische Entwicklungen geäußert, die ich heute bereue. Heute sehe ich klar, dass das falsch und zynisch war. Es tut mir außerordentlich leid, wenn ich damit jemanden verletzt oder verstört habe. […] Ich habe diesen Schritt gesetzt, weil ich gemeinsam mit dem Aufsichtsrat zur Überzeugung gelangt bin, dass die öffentliche Diskussion rund um private Nachrichten eine sinnvolle und konstruktive Tätigkeit als Vorstand der Österreichischen Beteiligungs AG nicht mehr möglich macht. (→ Tiroler Tageszeitung 8.6.2021)

Die im Einvernehmen mit dem Aufsichtsrat vorgenommene Beendigung des Vertrags machte sich für Schmid jedenfalls bezahlt. Medien schätzen die ihm ausbezahlte Abfertigung nach nur zwei Jahren Tätigkeit auf 200.000 bis 250.000 Euro. Eine zulässige Vorgehensweise zwar, wie die Unternehmensrechts-Expertin und Professorin an der Wirtschaftsuniversität Wien, Susanne Kalss, feststellte – allerdings mit dem Nachsatz: „Man hätte es aber auch anders machen können.“ (→ Heute 9.6.2021).

Zum Zeitpunkt von Schmids ÖBAG-Abgang war erst ein Bruchteil seines umfangreichen Handy-Schrifttums bekannt. Es folgten am 6. Oktober 2021 Hausdurchsuchungen in der ÖVP-Zentrale und im Finanzministerium. Wieder waren Schmid-Chats Auslöser. Und erstmals ging es um die ÖVP-Inseratenaffäre, die den Namen „Beinschab-ÖSTERREICH-Tool“ erhielt. (→ Der Standard 16.10.2021)

Die Opposition reagiert rasch mit einem U-Ausschuss

Nun galt es für die Politik – natürlich abseits der schwer belasteten ÖVP – für Aufklärung zu sorgen. Die Oppositionsparteien SPÖ, FPÖ und NEOS stellten noch im Monat des Bekanntwerdens der neuen Schmid-Chats aufgrund der erdrückenden Beweislast und der unzähligen Verdachtsfälle gegen die türkise ÖVP einen Antrag auf Einsetzung eines Untersuchungsausschusses betreffend „Klärung von Korruptionsvorwürfen gegen ÖVP-Regierungsmitglieder“, kurz: „ÖVP-Korruptions-Untersuchungsausschuss“.

Es galt zu klären, wie und wo überall in Österreich parteipolitischer Missbrauch von öffentlichen Geldern und Strukturen unter der Führung von Sebastian Kurz und seinen Gefolgsleuten stattfand. Der Untersuchungsauftrag umfasste folgende Gegenstände:

1. **Beeinflussung von Vergabe- und Förderverfahren** – konkret etwa an ÖVP-nahe Unternehmen, durch manipulierte Meinungsumfragen, das „Beinschab-Tool“, die Vergabe von Kommunikationsaufträgen, Inseraten, Studien etc. sowie durch Budgetaufstockungen in Ministerien, maßgeschneiderte Ausschreibungen und Kickback-Zahlungen.

2. **Einflussnahme auf Beteiligungen des Bundes** – konkret via Postenschacher in staatlichen und staatsnahen Unternehmen (Aufsichtsräte, Vorstände), Informationsfluss an die ÖVP sowie die Weitergabe von Insiderwissen und dubiose Privatisierungen.

3. **Beeinflussung von Ermittlungen und Aufklärungsarbeit** – konkret die Einflussnahme von Finanz- und Justizministern auf Verfahren/Ermittlungen gegen ÖVP-Politiker und Günstlinge aus dem ÖVP-Umfeld, das Abdrehen oder „Daschlogn“ (Zitat Christian Pilnacek) von Ermittlungen sowie Informationsflüsse und Insiderwissen-Weitergabe an ÖVP (etwa bei Hausdurchsuchungen).

4. **Begünstigung bei der Personalauswahl** – konkret Vorteile für die ÖVP durch die Installation nahestehender

und loyaler Personen und Parteifreunde, die Umgehung und Aushebelung von Ausschreibungsgesetzen sowie das Maßschneidern von Posten.

Ziel des U-Ausschusses war und ist es aber auch, die gesetzlichen Regelungen in all diesen Fällen auf ihre Lücken hin zu überprüfen und die Ergebnisse der Befragungen als Grundlage für zukünftige gesetzliche Maßnahmen zur Stärkung der Korruptionsprävention, zur Verminderung der Missbrauchsanfälligkeit bei der Vergabe von Finanzmitteln und Funktionen sowie zur Stärkung der Kontrollmechanismen heranzuziehen.

Anders als medial gerne dargestellt, ging es im ÖVP-Korruptions-Untersuchungsausschuss nicht darum, mit den Skandalen und Korruptionsfällen der ÖVP billiges politisches Kleingeld zu wechseln. Es ging und geht darum, solche Vorgänge, die an den politischen Alltag in der Dritten Welt erinnern, und das Kapern eines Staates und seiner Institutionen durch eine verschworene Clique nicht wieder zuzulassen und solche Umtriebe künftig mit allen demokratischen Mitteln zu verhindern.

Die Hure der Reichen

Ein besonders plakatives Beispiel für solche Vorgänge, die eines entwickelten demokratischen Staates nicht würdig sind, ist die Affäre, in der Schmid das mittlerweile geflügelte Wort von der „Hure der Reichen“ in sein Handy tippte. Anlass war der Versuch, einen Kollegen im Kabinett des Finanzministeriums dazu aufzufordern, sich entschlossener für den Vorteil eines Superreichen einzusetzen. Den Begünstigten kennen wir bereits: Es ist der Manager Siegfried Wolf. Und diesmal ging es nicht um einen Aufsichtsratsposten, sondern um eine beträchtliche Steuernachzahlung, die dem Automobilfabrikanten drohte.

Die Affäre zeigt, warum der ÖVP das Finanzministerium stets besonders wichtig war. Neben der Möglichkeit, dadurch die Budgets aller anderen Regierungsmitglieder zu steuern, wurde es von der türkisen Clique mutmaßlich auch dazu missbraucht, Steuervorteile zu lukrieren und unsaubere Deals und andere Machenschaften für ÖVP-Großspender und der ÖVP wohlgesonnene Vermögende abzuwickeln – und das neben dem üblichen Postenschacher.

Im Zentrum der Befragungen zur Finanz stand daher neben den Machenschaften der Kurz-Partie mit Milliardär René Benko – dazu später – vor allem die „einzigartige" Steuercausa Siegfried Wolf. So bezeichnete sie ein zuständiger Finanzbeamter vor dem U-Ausschuss.

Der Unternehmer Wolf – einer der reichsten Österreicher – stolperte ebenfalls über die Schmid-Chats, war er doch einer der großen Profiteure der Kurz-Ära. Denn er intervenierte mehrmals beim Mastermind im Finanzministerium, Thomas Schmid, um Steuerschulden gegenüber der Republik Österreich zu drücken. An Schmid kam Wolf über seine guten Kontakte in der ÖVP. Er wurde von Ex-Kanzler Wolfgang Schüssel „vermittelt". Darüber hinaus soll Schmid auch eine ermittelnde Finanzbeamtin „motiviert" haben, für Wolf weitere 630.000 Euro an Steuern zu sparen.

Wie sehr sich die Kontakte des Unternehmers zur ÖVP und zum Finanzministerium bezahlt machten, belegt eine Schmid-SMS an den damaligen ÖVP-Finanzminister und Kurz-Getreuen Hans Jörg Schelling. Von knapp elf Millionen Euro Steuerschuld musste Wolf nur „zwischen sieben und acht Millionen" bezahlen. Ein Freundschaftsdienst:

> *Haben heute Einigung mit Sigi geschafft. 75:25. er zahlt zwischen 7 und 8 Mio. Euro nach. Muss noch genau berechnet werden. Er rief mich mehrmals an und wollte auf 6*

runter. Das war unmöglich für uns während der laufenden Verhandlung zu intervenieren. Ich finde, bei diesem Deal hat sich unsere Finanzverwaltung bewegt und beide Seiten sollten zufrieden sein. Er hat heute 60er – teurer Geburtstag :) :)" (→ Parlament 20.3.2023, S. 241)

„Sigi" und „Edi" – aber ganz ohne Naheverhältnis

Unter anderem zur Causa Wolf wurde auch der ehemalige Finanzminister und Sektionschef im Finanzministerium, Eduard Müller, durch den ÖVP-Korruptionsausschuss befragt. Thomas Schmid habe ihn in diesem Zusammenhang kontaktiert, er habe aber auf die Fachabteilung bzw. in diesem Fall auf das zuständige Finanzamt verwiesen. Auch einen zweiten Anlauf, bei dem Wolfs Steuerberater an ihn herangetreten sei, will er in gleicher Art abgewickelt und weiterverwiesen haben. Müller bestritt ein Naheverhältnis zu Siegfried Wolf, obwohl ihn dieser in einer Chatnachricht an Thomas Schmid als „Edi" bezeichnet hatte. Die Glaubwürdigkeit dieser Aussage darf zumindest in Zweifel gezogen werden. (→ Parlament 4.5.2022/2, S. 56)

Die Causa Wolf stand auch im Mittelpunkt der Befragung der Auskunftsperson Michael Krammer. Der ehemalige BMF-Kabinettsmitarbeiter ist der Empfänger der legendären SMS. Schmid schrieb an ihn:

> *Vergiss nicht – du hackelst im ÖVP-Kabinett!! Du bist die Hure für die reichen! (sic!) (→ Parlament 4.5.2022/1, S. 7)*

In dieser Unterhaltung ging es um rund 680.000 Euro an Zinsen, die Wolf nachgesehen haben wollte. Dies war bereits der zweite Schritt, nachdem es mit kräftiger ÖVP-Schützenhilfe bereits gelungen war, die offene Forderung des Staates und damit aller Steuerzahler gegen Wolf von elf auf sieben Millionen Euro zu reduzieren. Wolf wollte sich nun auch die Verzugszinsen sparen und untermauerte dies durch einen Antrag seines Steuerberaters, der jedoch zunächst keine Aussicht auf Erfolg hatte. Dann trat Schmid auf den Plan und forderte von Krammer weitere Bemühungen, denn: „Chef (Finanzminister Schelling, Anm.) hat ihm das zugesagt." Die Wichtigkeit des Auftrags unterstrich er mit dem Hinweis auf die generelle Rolle von ÖVP-Kabinettsmitarbeitern als „Hure der Reichen".

Krammer spielte die Bedeutung des Chats im U-Ausschuss herunter und folgte damit der in der ÖVP allgemein praktizierten Strategie, das ehemalige Mastermind Schmid als Großmaul und Prahler hinzustellen. Auf Fragen seiner ÖVP-Parteikollegin Corinna Scharzenberger gab Krammer an:

> *Frau Abgeordnete, wie Sie wissen – und das hat man ja auch aus Chats gesehen –, war die Wortwahl von Thomas Schmid oftmals unangemessen und unangebracht. Das war aus meiner Sicht hier bei diesem Wechsel auch so, also bei diesem Austausch. Ich habe das nie ernst genommen und ich distanziere mich auch ganz klar hier davon. Ich glaube, durch meine Antwort ist aber auch sehr plakativ geworden, dass ich das mit Sarkasmus quittiert habe und keinesfalls irgendwie ernst genommen habe. (→ Parlament 4.5.2022/1, S. 7)*

„Ich bin Mitglied der ÖVP!" – Ein Satz wie ein Geständnis

Das Wissen, dass zwischen der ÖVP-Abgeordneten Scharzenberger und dem Finanzministeriums-Mitarbeiter Krammer – wie so oft im ÖVP-Korruptions-Untersuchungsausschuss – ein Gespräch unter Parteifreunden stattfand, verdankt sich der Hartnäckigkeit des FPÖ-Abgeordneten Wolfgang Zanger. Er rang Krammer die Offenlegung seiner Parteimitgliedschaft ab. Krammer wollte sich zunächst entschlagen und Scharzenberger assistierte ihm mit dem Hinweis auf eine mögliche Verletzung seiner „Persönlichkeitsrechte". Doch der

Verfahrensrichter zwang Krammer zum Geständnis: „Ich bin Mitglied der ÖVP." (→ Parlament, 5.4.2022/1, S. 23)

FPÖ-Mandatar Wolfgang Zanger zwang die Auskunftsperson, sich zur ÖVP zu bekennen.

Ansonsten trug Krammer wenig zur Erhellung bei. Es müssen also andere Tugenden als ein gutes Erinnerungsvermögen dafür ausschlaggebend gewesen sein, dass er im Jänner 2019 auf die hohe Position eines Gruppenleiters für Steuerpolitik in der Sektion für Steuerpolitik und Steuerrecht im BMF befördert worden war...

Dienstbesprechung unter Freunden

Andere konnten sich besser erinnern. Der vor den U-Ausschuss geladene Sektionschef Gunter Mayr etwa führte aus, dass auch er zum Steuerverfahren rund um Siegfried Wolf beigezogen wurde und es im Zuge des weiteren Ablaufs in dieser Angelegenheit zu merkwürdigen Vorkommnissen gekommen sei. Er habe an einem Termin mit Wolfs Steuerberater teilgenommen, bei dem dieser ihm eine Senkung der Steuerlast vorschlug. Auffallend sei gewesen, dass sowohl Thomas Schmid als auch die damals zuständige Vorständin des Finanzamts Siegfried Wolf schlicht „Sigi" genannt hätten – ein klares Zeichen für ein Naheverhältnis und somit Befangenheit. (→ Der Standard 16.10.2021)

Auch der Vorschlag, nur zwei Drittel von Wolfs Einkommen zu besteuern und ein Drittel außen vor zu lassen, sei ein merkwürdiger und unüblicher Zugang gewesen. Die Großbetriebsprüfung habe eine Reduzierung der Nachzahlung aber abgelehnt. Diese Meinung habe er geteilt und ihm soll mitgeteilt worden sein, sagte Mayr, dass sich das zuständige Finanzamt an die Ansicht der Großbetriebsprüfung halten werde. Damit sei die Sache für ihn erledigt gewesen. Dem war aber nicht so.

Von der dennoch erfolgten Reduktion der Steuernachzahlung von elf auf sieben Millionen Euro will Sektionschef Gunter Mayr nichts mitbekommen haben. Dafür verblüffte er die Abgeordneten mit der Schilderung, dass bei der ominösen Schlussbesprechung des Wolfschen Steuerproblems keine Personen eingeladen waren, die andere Ansichten als Thomas Schmid und Wolfs Steuerberater vertraten. Generell seien bei der Abschlussbesprechung nicht alle relevanten Personen eingeladen gewesen. Das entspricht laut Mayr nicht der gängigen Praxis.

Jedenfalls gab der Sektionschef unumwunden zu, dass er politische Interventionen in dieser Intensität vor der Steuercausa Wolf noch nicht erlebt habe.

> ***Abgeordneter Wolfgang Zanger (FPÖ):*** *[…] Sind Ihnen Fälle bekannt, in denen mit derselben oder ähnlicher Intensität interveniert wurde wie in der Causa Sigi Wolf?*

DDr. Gunter Mayr: Sie meinen jetzt: politisch interveniert worden ist. Das waren eben die Fragen von zuvor: In dieser Intensität ist mir das jetzt nicht bekannt. (→ Parlament 4.5.2022/3, S. 28)

Und Mayr sagte auch ganz offen, dass es mit dem millionenschweren Steuernachlass noch nicht getan war. Thomas Schmid habe in seiner Funktion als Generalsekretär Wolf zudem mehr als 600.000 Euro an Zinsschulden einfach erlassen, ohne vorher mit dem zuständigen Sektionschef (Mayr selbst) darüber zu sprechen. Und das ging so: Wolf und seine Steuerberater erachteten die Zinsforderung als „unbillig", jedoch sah die zuständige Fachabteilung für die Genehmigung eines Nachlasses zunächst keine Rechtsgrundlage. Deren Genehmigungspflicht für Nachlässe von mehr als 50.000 Euro wurde jedoch „zufällig" Ende 2017 aus dem maßgeblichen Ministererlass entfernt. Somit war die für Wolf regional zuständige Finanzamtsleiterin wieder am Zug: Sie genehmigte eine Nachsicht von 630.000 Euro – zwar nicht bei den Zinsen, dafür aber bei der Einkommensteuer für die Jahre 2010 und 2012. (→ Der Standard 26.12.2021)

Beförderung für die Golf-Partnerin

Der zuständige Fachvorstand im Finanzamt, Gerhard Weinmann, konnte bestätigen, dass die Leiterin des zuständigen Finanzamts Siegfried Wolf „Sigi" genannt hatte. Der ohnehin schon bestehende Verdacht eines Naheverhältnisses wurde so ein weiteres Mal bestätigt. Weiters sei ihm, wie auf Nachfrage des FPÖ-Mandatars Wolfgang Zanger evident wurde, kein anderer Fall untergekommen, bei dem es um eine Abgabennachsicht in so großer Höhe ging. (→ Parlament 4.5.2022/4, S.12)

Für „Sigis" Vertraute im Finanzamt – sie spielt mit ihm im selben Golfclub – zahlte sich der Einsatz jedenfalls ebenfalls aus. Die Steuernachsicht gegenüber Wolf soll ihr im Gegenzug dessen Unterstützung bei der Bewerbung auf eine neue Funktion eingebracht haben. Konkret wurde die Finanzbeamte zur Leiterin des Finanzamts Baden-Mödling befördert. Die WKStA sieht hier einen eindeutigen Zusammenhang und rückte Ende 2021 einmal mehr zu Hausdurchsuchungen – auch bei der beförderten Steuerprüferin – aus. Was geschehen sein soll, fassen die Ermittler so zusammen:

> *Verdacht der parteilichen Behandlung eines Antrages eines beschuldigten Unternehmers auf Steuernachsicht durch die damalige Leiterin des zuständigen Finanzamtes im Gegenzug für die Unterstützung bzw. Intervention im Bundesministerium für Finanzen im Zuge einer Bewerbung um die Leitung eines anderen Finanzamts.* *(→ Der Standard 20.12.2021)*

Wieder einmal wurde deutlich, dass es sich ÖVP-Freunde richten können, weil die ÖVP schamlos für ihre Unterstützer interveniert – zum Nachteil der Republik und des Volkes.

Wolfs Schweigen im Walde

Am 6. April 2022 musste der Investor Siegfried Wolf selbst dem ÖVP-Korruptions-Untersuchungsausschuss Rede und Antwort stehen. Eine Premiere, denn auch im Ibiza-Untersuchungsausschuss war Wolf geladen – sogar ganze drei Mal –, dem Ausschuss aber stets ferngeblieben.

Schon in der einleitenden Stellungnahme, die größtenteils aus PR für seine eigenen „Leistungen“ bestand, kündigte Wolf Entschlagungen an. Diesem Vorsatz wurde er schon bei der Erstbefragung durch den Verfahrensrichter gerecht – und zwar in Hinblick auf eine Frage nach Spenden an die ÖVP. In dieser Manier ging es munter weiter, auch bei Fragen nach seiner Verbindung zur ÖBAG und einem etwaigen Aufsichtsratsmandat. Gleiches galt für eine Frage nach einer Spendengala für Sebastian Kurz im Jahr 2016 auf Schloss Reifnitz. Nicht erinnerlich war Wolf, was er mit dem ehemaligen ÖVP-Geschäftsführer und Kurz-Vertrauten Axel Melchior bei einem gemeinsamen Essen im Fontana-Golfclub besprochen hatte. (→ Parlament 4.5.2022/5, S. 27f.)

FPÖ-Abgeordnete Susanne Fürst fragte den Unternehmer, ob er den ehemaligen Bundeskanzler Kurz um eine Intervention zugunsten des Oligarchen Deripaska in den USA gebeten habe. Schließlich schädigten die Sanktionen gegen seinen damaligen Geschäftspartner auch Wolfs Ruf, was ihn vermutlich den ÖBAG-Aufsichtsratsvorsitz kostete. Jedoch setzte sich die Entschlagungsorgie hier weiter fort und es kam zu keinem Erkenntnisgewinn. (→ Parlament 4.5.2022/5, S. 33f.)

„ich kaempfe auch für euch mit allen Mitteln …"

Seine frühere Mitgliedschaft bei der SPÖ konnte Siegfried Wolf aber bestätigen – immerhin! Auch räumte er ein, des Öfteren in Kontakt mit Thomas Schmid gestanden zu sein. Dieser hatte ihm bekanntermaßen später einen Nachlass auf die für seine Steuerschuld fälligen Zinsen ermöglicht. Kurz nach der Spendengala auf Schloss Reifnitz schrieb Wolf an Schmid: „ich kaempfe auch fuer euch mit allen Mitteln …". Was er damit gemeint hatte, wollte Wolf nicht beantworten. (→ Parlament 4.5.2022/5, S. 27)

Wolf behinderte mit seiner Entschlagungsorgie die weitere Aufklärung. Besonders zur zentralen Steuercausa äußerte er sich überhaupt nicht. Sein Umgang mit dem Untersuchungsausschuss und dessen Mitgliedern war launisch und nicht von Respekt geprägt, dieser Umstand erschwerte die Befragung zusätzlich.

Auf Fragen betreffend die Steuercausa Wolf wollte auch der ehemalige Finanzminister Hans Jörg Schelling nicht antworten und machte ausgiebig Gebrauch von seinem Entschlagungsrecht. Klar ist aber, dass Schelling zur Zeit des mehr als zweifelhaften Steuerdeals zwischen Schmid und Wolf der zuständige Finanzminister war. Durch Chats ist auch erwiesen, dass er über die erzielte Einigung durch Thomas Schmid informiert wurde. (→ Parlament 4.5.2022/6)

Das Schweigen des „talentierten Mr. Schmid"

Am 3. November 2022 stand endlich die Befragung von „Mastermind" und „Chat-Man" Thomas Schmid durch den ÖVP-Korruptions-Untersuchungsausschuss an. Der vorgeladene Ex-ÖBAG-Vorstand machte zu Beginn der Befragung von seinem Recht auf ein Eingangsstatement Gebrauch. Darin führte er aus, warum seiner Meinung nach seine generelle Aussageverweigerung vor dem Untersuchungsausschuss zulässig sei. Zum Beginn der eigentlichen Befragung hielt Schmid fest:

> *Ich berufe mich auf mein Aussageverweigerungsrecht und werde nicht aussagen. Ich tue dies auch dann, wenn Sie hierzu eine andere Rechtsauffassung vertreten. (→ Parlament 23.11.2022, S. 6)*

In dieser Haltung verharrte Schmid auch, als zahlreiche Fragen zu unterschiedlichsten Themenkomplexen vom „Beinschab-Tool" über die Causa Wolf bis zur eigenen ÖVP-Mitgliedschaft gestellt wurden. Die Antwort war immer dieselbe: keine Aussage. Auch die mehrfache Androhung einer Beugestrafe änderte daran nichts. Der Verfahrensrichter wies mehrfach darauf hin, dass die Verweigerung der Aussage nicht gerechtfertigt sei. Grundlage für diese Einschätzung war die Tatsache, dass jede Glaubhaftmachung der Gründe seiner Entschlagung durch den Befragten ausblieb.

Dieses Verhalten gegenüber einem parlamentarischen Untersuchungsausschuss ließ deutlich den mangelnden Respekt vor den höchsten Institutionen im Staat erkennen. Es lässt aber auch die angebliche Kooperationsbereitschaft Schmids mit der Staatsanwaltschaft wenig glaubwürdig erscheinen. Die FPÖ-Fraktion forderte daher, den angestrebten Kronzeugenstatus kritisch zu hinterfragen und auf seine Sinnhaftigkeit zu überprüfen.

> ***Abgeordneter Christian Hafenecker, MA (FPÖ):*** *Ich glaube, es macht keinen Sinn, hier jetzt noch weitere Fragen zu stellen, denn wenn man nicht einmal darüber sprechen möchte, ob man Parteimitglied ist oder nicht, dann ist die Strategie, die die Auskunftsperson hier fährt, aus meiner Sicht klar nachvollziehbar. Ich bin gespannt, ob ihm das bei seiner Kronzeugenwerdung hilft, wenn er hier im Untersuchungsausschuss diese Strategie wählt. Ich werde mich höchstpersönlich dafür verwenden [...], diesen Kronzeugenstatus nicht zuzuerkennen, einfach deswegen, weil alles andere als kooperatives Verhalten hier an den Tag gelegt wird. Das ist mein politisches Statement dazu. (→ Parlament 23.11.2022, S. 19)*

Ich habe mich in diesem Zusammenhang auch mit einem offenen Brief an die grüne Justizministerin Alma Zadic gewendet und mich ganz entschieden gegen den Kronzeugenstatus für Thomas Schmid ausgesprochen. (→ Exxpress 13.11.2022) Selbst einfachste und strafrechtlich eindeutig nicht relevante Fragen, die ihm im Zuge seiner Befragung gestellt wurden und bei deren Beantwortung er sich nicht selbst hätte belasten können, etwa nach seiner Mitgliedschaft bei der ÖVP oder der Bestätigung seiner Unterschrift, blieben aus unerfindlichen Gründen unbeantwortet.

Dieser Umstand lässt tief blicken in die moralischen und charakterlichen Eigenschaften des Thomas Schmid. Dieses absolute Fehlverhalten auch noch mit einem Kronzeugenstatus zu belohnen, wäre vor der Bevölkerung keinesfalls zu verantworten.

Wenn die Justiz den Zeugen vor der Polizei versteckt

Leider blieb die Auskunftsperson Thomas Schmid alle Antworten schuldig und trug somit nichts zur Klärung weiterer Details bei. Dies war auch insofern bedauerlich, als sein Erscheinen ein aufwändiges und langwieriges Unterfangen war. Es war offenbar eine lange Zeit nicht bewältigbare Herausforderung für die Behörden, Schmid ausfindig zu machen. In diesem Zusammenhang muss man ein offenkundiges Behördenversagen thematisieren. Warum sonst konnte Thomas Schmid dem Untersuchungsausschuss nicht vorgeführt werden, wenn nicht aufgrund der Unfähigkeit der Behörden bzw. mangelnder Kommunikation zwischen ihnen?

Fast schon wie in einer „Kottan"-Folge mutet der Umstand an, dass Schmid von Juli bis September 2022 „in geheimer Mission" bei der WKStA in Graz an 15 Tagen aussagte, um sich seinen Kronzeugenstatus auszuverhandeln. (→ Der Standard 19.10.2022/1) Die Vernehmungen fanden just im selben Gebäude statt, in dem auch ein Posten der Landespolizeidirektion Steiermark untergebracht ist und wo Exekutivbeamte aus- und eingehen. All das geschah ohne Wissen der Polizei, die ihn ja anhalten hätte müssen, und angeblich auch ohne Wissen seines Anwalts und der Ministerien. Während Beamte also insgesamt sieben Mal zu Schmids Wohnung in Wien ausrückten, um ihn dort zu suchen, saß dieser vermutlich gerade beim Kaffeeplausch in der WKStA-Außenstelle Graz.

Es ist eine Bankrotterklärung für einen funktionierenden Rechtsstaat, dass die wohl wichtigste Auskunftsperson in einem der wichtigsten Untersuchungsausschüsse der vergangenen Jahrzehnte angeblich monatelang nicht auffindbar ist, jedoch in dieser Zeit für ganze 15 Tage im Land verweilt, um bei der WKStA umfassend auszusagen. Man muss sich fragen, wie hier die Informationsketten zwischen Staatsanwaltschaft, Justiz und Innenministerium funktionieren. Und vor allem frage ich mich, wer hier tatsächlich die Bevölkerung an der Nase herumgeführt hat: Herr Schmid mit seinem „Catch me if you can"-Verhalten, Innenminister Karner mit seinen höchst zweifelhaften Aussagen zur Nichtauffindbarkeit Schmids und der Weigerung, ihn im Untersuchungsausschuss vorzuführen, oder Justizministerin Zadic, die scheinbar keinen Bedarf sah, Informationen über den Aufenthaltsort Schmids weiterzugeben.

ÖVP-Moralkommission brütet wochenlang über Schmid-Chats

Auch im Hinblick auf den wenige Tage nach Schmids Befragung vollzogenen Parteiausschluss aus der ÖVP ergab sich ein merkwürdiges Sittenbild. Obwohl die ÖVP seit über einem Jahr von den in Chats dokumentierten Korruptionsskandalen wusste, wurde Schmid erst „auf den letzten Drücker" ausgeschlossen. Für diese Entscheidung tagte der zuständige ÖVP-Ethikrat übrigens wochenlang.

Hier ist die Schwierigkeit, eine klare Entscheidung zu treffen und ein Zeichen der Aufarbeitung zu setzen, überhaupt nicht nachvollziehbar. Von einer „Selbstreinigung" der ÖVP kann jedenfalls keine Rede sein, wo doch weitere Hauptakteure diverser Skandale wie Sebastian Kurz, Gernot Blümel und Wolfgang Sobotka nach wie vor Mitglieder der ÖVP sind – letzterer sogar Nationalratspräsident. Dieses Faktum zeugt nicht gerade von Unrechtsbewusstsein in der ÖVP, sondern vielmehr von einem Messen mit zweierlei Maß.

Verbissener Kampf um den Kronzeugenstatus

Nach seinem unwürdigen Blockade-Schauspiel im U-Ausschuss und der kompletten Aussageverweigerung, wurde es um Thomas Schmid schnell wieder ruhig. Zumindest medial, denn in der Öffentlichkeit ließ er sich seither nicht mehr blicken. In den folgenden Wochen und Monaten sickerten Details aus Vernehmungsprotokollen und Zeugenaussagen von und zu Schmid durch. So soll er unter einem Kokain-Problem gelitten, ein Faible für teure Anzüge, Autos und luxuriöse Reisen gehabt haben und krampfhaft um seinen Kronzeugenstatus kämpfen, der durch die medialen Storys rund um seine Person – ganz abgesehen von seiner Verhöhnung des Parlaments – immer strittiger wird.

Obwohl der ehemalige Kurz-Vertraute schon lange medial als Kronzeuge gehandelt wurde, stellte er den Antrag erst Ende 2022. (→ Kurier 2.12.2022) Seither gibt es wenige Neuigkeiten. Langsam werde Schmid ungeduldig, wollte der „Kurier" Anfang August 2023 erfahren haben. (→ Kurier 6.8.2023) Die ÖVP-nahe Zeitung unterstützt den „Spin" der ÖVP und ihres ehemaligen Obmanns Kurz, die versuchen, Schmid als Schwätzer und Aufschneider darzustellen, um seine Glaubwürdigkeit zu erschüttern.

Ein Telefonstreich unter alten „Freunden"

Gelassenheit sieht anders aus. Schon im Oktober 2022 wurde bekannt, dass Kurz bereits ein Jahr davor und kurz nach den Hausdursuchungen bei der ÖVP ein mit Schmid geführtes Telefongespräch mitgeschnitten und der Staatsanwaltschaft vorgelegt hatte. Zweck dieses unter „Freunden" eher unüblichen Manövers war der Versuch zu beweisen, dass Kurz – wieder einmal – angeblich von nichts gewusst hatte. Diesmal gab er sich ahnungslos über das sogenannte „Beinschab-ÖSTERREICH-Tool", das die Durchführung und den medialen

Verkauf von Meinungsumfragen im Interesse der ÖVP, aber auf Kosten des Steuerzahlers aus dem Budget des Finanzministeriums beinhaltete. Kurz-Anwalt Werner Suppan versetze dieses „Beweisstück“ regelrecht in Feierlaune:

Diese Tonbandaufzeichnung stellt eine Bombe für den derzeitigen Ermittlungsstand dar und widerlegt massiv die Aussagen, die Thomas Schmid bei den Einvernahmen geäußert hat, um Kronzeuge zu werden. (→ Der Standard 19.10.2022/2)

Weniger beeindruckt zeigte sich die Wirtschafts- und Korruptionsstaatsanwaltschaft. Weder brachte sie das Tonband vom Vorhaben ab, Kurz und sein Umfeld wegen Falschaussagen anzuklagen, noch interpretierte sie das Gesagte als Entlastung für den Ex-Kanzler. Im Gegenteil:

Da die heimliche Aufnahme des von KURZ initiierten Telefonats nur wenige Tage nach umfangreichen Ermittlungsmaßnahmen (Durchsuchungen zum Faktum BEINSCHAB/ÖSTERREICH im Oktober 2021) erfolgte und beide gleichlautend aussagten, dass MMag. SCHMID eine von KURZ geforderte öffentliche Erklärung einer „Schuldübernahme“ ablehnte, benutzte KURZ eine List, indem er einerseits die Aufnahme verheimlichte und andererseits beinahe alle Fragen suggestiv nur dahingehend stellte, dass MMag. SCHMID die laut KURZ fehlende Beauftragung oder Beteiligung bestätigen möge […]. MMag. SCHMID blieb jedoch trotz mehrfacher Versuche von KURZ im gesamten Gespräch die erwünschte Bestätigung schuldig. (→ WKStA 9.8.2023, S. 96f)

Dass Schmid auch nicht das Gegenteil – nämlich Kurz‘ Involvierung in das Beinschab-Tool – behauptete, ist für die Ankläger durchaus verständlich, denn:

Die von MMag. SCHMID dazu gegebene Erklärung, schon aufgrund der umfassenden Ermittlungshandlungen zu dieser Zeit mit einer Überwachung bzw. zusätzlich im Zuge des Gesprächs auch mit einer Aufnahme durch KURZ gerechnet zu haben […], ist angesichts der in dem Gesprächsverlauf objektivierten Versuche von MMag. SCHMID, konkrete Antworten zu vermeiden, nachvollziehbar. (→ WKStA 9.8.2023, S. 97)

Diese Einschätzung kann durchaus als Ankündigung der WKStA verstanden werden, Kurz auch in einem anderen, strafrechtlich schwerer wiegenden Verfahren im Fokus zu behalten. Im Zusammenhang mit dem „Beinschab-Tool" ermitteln die Staatsanwälte gegen Kurz und acht weitere Beschuldigte wegen des Verdachts der Untreue und Bestechlichkeit und werden zu entscheiden haben, ob es zur Einstellung oder zu einer weiteren Anklage gegen den Ex-Kanzler kommt.

Das Beinschab-Tool – Medien- und Meinungskauf auf Staatskosten

Die Hausdurchsuchung in der Zentrale der Österreichischen Volkspartei am 6. Oktober 2021 war historisch: Erstmals in der Geschichte der Zweiten Republik war eine politische Partei Ziel einer gerichtlich angeordneten Nachschau. Dennoch kam sie nicht mehr allzu überraschend. Denn schon acht Tage davor hatte die damalige stellvertretende Generalsekretärin der ÖVP, Gaby Schwarz, in einer der wohl skurrilsten Pressekonferenzen der Zweiten Republik den Besuch der Ermittler quasi angekündigt und ihnen entgegengerufen: „Es ist nichts mehr da!" (→ Der Standard 28.9.2021) Getrieben war diese Aussage wohl von der Hoffnung, dass all jene, bei denen zu diesem Zeitpunkt vielleicht doch noch etwas „da war", es schnellstens verschwinden lassen würden.

Doch die Staatsanwälte ließen sich nicht in die Irre führen und setzten ihren Plan in die Tat um. Noch am Tag der Durchsuchungen veröffentlichte die WKStA eine Medienstellungnahme, in der es hieß:

> *Die Wirtschafts- und Korruptionsstaatsanwaltschaft führt gegen Sebastian KURZ und 9 weitere Beschuldigte sowie drei Verbände Ermittlungen wegen des Verdachts der Untreue gemäß § 153 Abs 1 und 3 StGB, Bestechlichkeit gemäß § 304 Abs 1 und Abs 2 StGB und der Bestechung gemäß § 307 Abs 1 und Abs 2 StGB teils in unterschiedlichen Beteiligungsformen.*

Im Zuge dieser Ermittlungen fanden am 6. Oktober 2021 Hausdurchsuchungen an mehreren Standorten statt, darunter auch in einzelnen Büros zweier Bundesministerien. [...]

Im Rahmen dieser Ermittlungen geht die WKStA [...] Verdachtslagen nach, dass zwischen den Jahren 2016 und zumindest 2018 budgetäre Mittel des Bundesministeriums für Finanzen (BMF) zur Finanzierung von ausschließlich parteipolitisch motivierten, mitunter manipulierten Umfragen eines Meinungsforschungsunternehmens im Interesse einer politischen Partei und deren Spitzenfunktionär(en) verwendet wurden. Diese Umfrageergebnisse wurden (ohne als Anzeige deklariert worden zu sein) im redaktionellen Teil einer österreichischen Tageszeitung und anderen zu dieser Gruppe gehörenden Medien veröffentlicht. Im Gegenzug wurden – nach der Verdachtslage - seitens der befassten Amtsträger im Rahmen von Medien- und Inseratenkooperationen Zahlungen an das Medienunternehmen geleistet. Die Zahlungen für diese Kooperationen waren – nach der Verdachtslage - im wesentlichen verdeckte Gegenleistungen für die den Beschuldigten tatsächlich eingeräumten Einflussmöglichkeiten auf die redaktionelle Berichterstattung in diesem Medienunternehmen. (→ WKStA 6.10.2021)

Verdächtig ist in diesem Zusammenhang der Führungszirkel rund um Sebastian Kurz: Neben dem Kanzler selbst und natürlich Finanzministeriums-Generalsekretär Thomas Schmid richtet sich der Verdacht gegen den obersten ÖVP-Strategen Stefan Steiner und die beiden Medien-Flüsterer Gerald Fleischmann und Johannes Frischmann. Außerdem im Boot die ehemalige Familienministerin Sophie Karmasin in ihrer Funktion als Chefin eines Meinungsforschungsunternehmens und ihre Berufskollegin Sabine Beinschab, die Meinungsumfragen für das Institut „Research Affairs" durchführte. Die beschuldigten Medienmanager sind die Brüder Wolfgang und Helmuth Fellner von der ÖSTERREICH-Gruppe. Beschuldigt sind außerdem die Mediengruppe „Österreich“ GmbH und die oe24 GmbH – sowie die Bundes-ÖVP. Es handelt sich um ein laufendes Ermittlungsverfahren, in dem für alle Verdächtigen die Unschuldsvermutung gilt.

ÖVP-Minister: Kaum versprochen, schon gebrochen!

In der Volkspartei werden reflexartig die Reihen hinter dem Kanzler geschlossen. Sämtliche türkise Regierungsmitglieder unterfertigten eine Erklärung, wonach sie nur unter Sebastian Kurz als Bundeskanzler in der Regierung bleiben wollen. Die „Schwurformel“ lautete:

> *Sebastian Kurz wurde in den Wahlen 2017 und 2019 zwei Mal von der österreichischen Bevölkerung mit großer Mehrheit gewählt und ist damit der demokratisch legitimierte Bundeskanzler unserer Republik. Eine Wahl spiegelt stets den Willen des Volkes wider und dieser wurde in den letzten beiden Wahlen sehr deutlich zum Ausdruck gebracht. Aus tiefster demokratischer Überzeugung stellen wir als Bundesministerinnen und Bundesminister der Republik Österreich hiermit klar: Eine ÖVP-Beteiligung in dieser Bundesregierung wird es ausschließlich mit Sebastian Kurz an der Spitze geben. (→ Kurier 7.10.2021)*

Selten wurde ein solch pathetisches Gelöbnis nach so kurzer Zeit gebrochen. Nur drei Tage nach dem spektakulären Schlag der Ermittler gegen die ÖVP und zwei Tage nach der gemeinsamen Erklärung der ÖVP-Regierungsmitglieder nahm Sebastian Kurz als Bundeskanzler den Hut und leitete damit seinen Rückzug auf Raten ein. Von den Unterzeichnern des Papiers folgten ihm nach und nach Finanzminister Gernot Blümel, Landwirtschaftsministerin Elisabeth Köstinger, Bildungsminister Heinz Faßmann und Wirtschaftsminister Margarete Schramböck. Alle anderen sind somit wortbrüchig – und zwar, wie der Wortlaut des letzten Satzes der Erklärung erkennen lässt, nicht in erster Linie persönlich, sondern was die Zukunft der ÖVP ins-

Die neue Volkspartei

Gemeinsame Erklärung der ÖVP-Regierungsmitglieder

Wien, Oktober 2021

Vor dem Hintergrund der Anschuldigungen gegen Bundeskanzler Sebastian Kurz halten die ÖVP-Bundesministerinnen und -Bundesminister der Republik Österreich in dieser Erklärung folgende Punkte fest:

Die letzten eineinhalb Jahre waren für die Bundesregierung, aber auch für unser Land im Allgemeinen eine sehr herausfordernde Zeit. Die Corona-Pandemie hat nahezu jedes Ressort stark betroffen. Nur durch die Führung und den unermüdlichen Einsatz von Bundeskanzler Sebastian Kurz war es möglich, eine derart nahtlose und bestens koordinierte Zusammenarbeit über die Ressortgrenzen hinweg zu pflegen. Das hat letztlich auch dazu geführt, dass wir diese Krise sowohl gesellschaftlich als auch wirtschaftlich so gut meistern konnten. Neben der Bewältigung der Pandemie konnten wir aber nicht nur wichtige Gesetzesinitiativen, sondern auch Entlastungsmaßnahmen in der Höhe von 18 Mrd. Euro für die Bürgerinnen und Bürger unseres Landes auf den Weg bringen. Das zeigt klar: Diese Regierung arbeitet für die Menschen in diesem Land.

Klar ist aber auch: Als Bundesregierung haben wir noch viel vor und dafür ein zukunftsweisendes Regierungsprogramm als Grundlage. Dieses wurde von Bundeskanzler Sebastian Kurz entwickelt, verhandelt und unterschrieben und trägt daher ganz klar seine Handschrift.

Sebastian Kurz wurde in den Wahlen 2017 und 2019 zwei Mal von der österreichischen Bevölkerung mit großer Mehrheit gewählt und ist damit der demokratisch legitimierte Bundeskanzler unserer Republik. Eine Wahl spiegelt stets den Willen des Volkes wider und dieser wurde in den letzten beiden Wahlen sehr deutlich zum Ausdruck gebracht. Aus tiefster demokratischer Überzeugung stellen wir als Bundesministerinnen und Bundesminister der Republik Österreich hiermit klar: Eine ÖVP-Beteiligung in dieser Bundesregierung wird es ausschließlich mit Sebastian Kurz an der Spitze geben.

Mag. Gernot Blümel, MBA	Mag. Karoline Edtstadler	Univ.-Prof. Dr. Heinz Faßmann
Univ.-Prof. Mag. Dr. Martin Kocher	Elisabeth Köstinger	Karl Nehammer, MSc
MMag. Dr. Susanne Raab	Mag. Alexander Schallenberg, LL.M.	Dr. Margarete Schramböck
Mag. Klaudia Tanner	Dr. Magnus Brunner, LL.M.	

Elf Regierungsmitglieder schworen Sebastian Kurz die Treue. Sie alle wurden wortbrüchig, denn die ÖVP bleib auch ohne Kurz in der Regierung. (→ Kurier 7.20.2021) gesamt betrifft. Denn das Gelöbnis lautete, dass die ÖVP ohne Kurz keiner Regierung angehören wolle.

Doch Kurz selbst wischte die Huldigungen seiner Person vom Tisch und behauptete in seiner Rücktrittserklärung: „Mein Land ist mir wichtiger als meine Person." Zugleich stellte er selbst noch die Weichen für die Zukunft seiner Partei und jener Statisten, die eigentlich ohne ihn nicht mehr dabei sein wollten:

> *Ich habe das Regierungsteam der ÖVP gebeten, ihre Arbeit fortzusetzen und ich habe dem Bundespräsidenten Alexander Schallenberg als Bundeskanzler vorgeschlagen. (→ Kleine Zeitung 9.10.2021)*

Handschellen klicken trotz Van der Bellens Nicken

Der Bundespräsident hatte zu dem tragischen Schauspiel nicht mehr beizutragen als ein paar salbungsvolle Entschuldigungsworte für das entstandene „Sittenbild". Ohne mit der Wimper zu zucken, machte er den abgehobenen Adelsspross Schallenberg, der sich nie einer Wahl gestellt hatte, zum neuen Kanzler. Politexperten gingen davon aus, dass er nur den Statthalter für Kurz spielen sollte, bis dieser – gereinigt vom Makel der strafrechtlichen Anschuldigungen – wieder an den ihm zustehenden Platz zurückkehren würde. Doch die Dinge entwickelten sich dann doch ziemlich anders.

Sabine Beinschab wurde nur wenige Tage nach den Hausdurchsuchungen wegen Verdunkelungsgefahr in Untersuchungshaft genommen. Dort hielt sie dem Druck nicht lange stand. Sie packte aus und bot sich der Staatsanwaltschaft als Kronzeugin an – im Unterschied zu Thomas Schmid, der immer noch wartet, mit Erfolg.

Für Sebastian Kurz mag das der berühmte „Wink mit dem Zaunpfahl" gewesen sein, sich gänzlich aus dem Staub zu machen. Mit seiner neuen Aufgabe als ÖVP-Klubobmann im Parlament fremdelte er ohnehin sichtlich, daher nahm er am 2. Dezember 2021 erneut Abschied, diesmal aus der Politik insgesamt. Er referierte die Höhepunkte seiner zehnjährigen steilen Karriere, die jedoch allesamt von der Geburt seines Sohnes in den Schatten gestellt worden seien. Der ÖVP-nahe „Kurier" sammelte noch einen Satz abseits der offiziellen Erklärung ein:

> *Beim Hinausgehen wurde er noch gefragt, wie es jetzt mit ihm weitergehe. „Ich werde jetzt aufbrechen und meinen Sohn und meine Freundin aus dem Spital abholen", sagt Kurz, lächelt und geht. (→ Kurier 2.12.2021)*

Immerhin verzichtete Kurz diesmal darauf, auch gleich die anstehenden Personalentscheidungen in Partei und Regierung vorwegzunehmen. Doch war mit seinem Abgang auch die Kurzzeit-Kanzlerschaft von Alexander Schallenberg zu Ende. Karl Nehammer stieg vom Innenminister zum Bundeskanzler und auch zum ÖVP-Chef auf und hält sich trotz unterirdischer Performance bis heute in beiden Positionen.

Kronzeugin Beinschab schickt Ex-Ministerin Karmasin in den Knast

Im Februar veröffentlichte das Nachrichtenmagazin „profil" Auszüge aus den „Beinschab-Protokollen", die es in sich hatten. Es sind die auf 222 Seiten dokumentierten Niederschriften von insgesamt sieben Einvernahmen von Oktober 2021 bis Februar 2022. Die Kurzfassung:

> *Sabine Beinschab [...] legte die Beauftragungen durch einstige Vertreter des Finanzministeriums ebenso offen wie die geheimen Verrechnungsmodalitäten. Und sie erhob Vorwürfe gegen die frühere ÖVP-Familienministerin Sophie Karmasin. Karmasin habe Beinschab einerseits mit Thomas*

Schmid zusammengespannt, andererseits auch den Kontakt zu Verleger Helmuth Fellner angebahnt. Und: Karmasin soll bei Beinschabs Geschäften mit dem Finanzministerium ab 2016 mitgeschnitten haben – im Wege einer mündlichen Provisionsvereinbarung, die ihr eine fortlaufende 20-prozentige Umsatzbeteiligung sicherte. (→ Profil 25.2.2022)

Wie das System lief, machte Beinschab in ihren Einvernahmen anhand plakativer Beispiele deutlich, etwa diesem:

Im Sommer 2017 hatte sie vom BMF den Auftrag erhalten, die Wahrnehmung des Themas „Steuerbetrugsbekämpfung" in der Bevölkerung zu erheben. Die Studie (600 Online-Interviews, drei Dutzend „tiefenpsychologische Interviews verdichtet auf 57 pdf-Seiten) lieferte Beinschab im Herbst 2017 ab – und verrechnete dem Ministerium dafür via Rechnung „Nummer 1088" einen Betrag von 51.450 Euro netto. Ein deutlich überhöhter Preis – die Studie hatte sie mit lediglich 36.800 Euro veranschlagt.

Die verbleibenden 14.650 Euro waren andernorts aufgelaufen. Oder wie es Beinschab aussagte: „Die RechnungsNr. 1088 beinhaltete drei Wellen Politikfragen, die unter dem Studientitel ‚Betrugsbekämpfung' mit abgerechnet wurden ... Diese drei Wellen allgemeiner Politikfragen betrafen die Themen ‚Pilz' (Auswirkungen Antritt Liste Pilz – erste Welle), ‚Silberstein-Affäre' (zweite Welle) und ‚Mobilisierung unentschlossener Wähler' (dritte Welle). Diese drei Wellen wurden mit der Studie Betrugsbekämpfung abgerechnet. Dazu gebe ich an, dass der Rechnungsbetrag von EUR 51.450,- netto sich aus EUR 36.800,- für die echte Betrugsbekämpfungsstudie und aus EUR 14.650,- netto für die drei genannten Wellen zusammensetzt." (→ Profil 25.2.2022)

Es dauerte keine Woche nach der Veröffentlichung von Beinschabs Aussagen, da schlugen die Staatsanwälte erneut zu und nahmen die ehemalige ÖVP-Familienministerin Sophie Karmasin fest. (→ Heute 3.3.2022) Der Schritt wurde mit Tatbegehungs- und Verdunklungsgefahr begründet. Immerhin war nun öffentlich, dass Karmasin nicht nur quasi die Architektin des „Tools" gewesen sein soll, indem sie alle Beteiligten zueinander brachte, sondern durch Provisionen auch noch finanziell mitgeschnitten haben dürfte. Karmasin bestritt alle Vorwürfe vehement und blieb 26 Tage in Untersuchungshaft hinter Gittern. Für sie gilt ebenso wie für alle anderen Verdächtigen in diesen ÖVP-Inseratenaffäre die Unschuldsvermutung.

Vorwürfe gegen Fellner-Brüder eröffnen Schlammschlacht im Boulevard

Die Unschuldsvermutung gilt demnach auch für die Brüder Wolfgang und Helmuth Fellner sowie die von ihnen geleiteten Mediengruppe „Österreich" GmbH bzw. oe24 GmbH. Dort war man eifrig bemüht, den Verdacht auf andere zu lenken. Am 12. März 2022 berichtete man über angeblich gefälschte Umfragen, die Beinschab und Karmasin von 2009 bis 2013 im Auftrag der SPÖ durchführten und die bei der verhassten Konkurrenz von „ÖSTERREICH", dem Gratisblatt „Heute", veröffentlich worden sein sollen.

> *Diese Fälschungen und die Veröffentlichung der gefälschten Umfragen in „HEUTE" sei in einer Gesprächsrunde zwischen der SPÖ-Geschäftsführung, der Geschäftsführung von „HEUTE" und Vertretern des Karmasin-Instituts ausdrücklich so besprochen gewesen. (→ Oe24 12.3.2022)*

Ein Vorwurf, den „Heute"-Geschäftsführer Wolfgang Jansky nicht auf sich sitzen lassen wollte. Gegenüber dem Online-Medium „unzensuriert.at" nahm er wie folgt Stellung:

> *Vorausschicken möchte ich, dass ich weder Frau Beinschab noch die im Protokoll angeführten Personen […] kenne und*

daher auch nie Kontakt zu ihnen hatte. Mit dem Umfrageinstitut Karmasin, hatte „HEUTE“ geschäftliche Beziehungen, und zwar konkret zwischen April 2012 und Nov 2013. […] Diese Umfragen für „HEUTE“ bestanden aus regelmäßigen Polit-Barometern/Sonntagsfragen und Fragen zu politisch aktuellen Themen, die der Redaktion interessant erschienen (mit einer ausgewiesenen Stichprobe von n800/bzw. n500). Die Leistungen wurden immer von „HEUTE“ beauftragt und auch bezahlt. […] Wir gehen daher davon aus, dass alle Leistungen die KARMASIN für „HEUTE“ erbracht hat und von uns bezahlt wurden, mit der nötigen wissenschaftlichen Sorgfalt erbracht wurden und hatten auch nie einen Grund daran zu zweifeln. „HEUTE“ kooperiert selbstverständlich mit keiner politischen Partei. (→ Unzensuriert 16.3.2022)

Auch Dichands voll auf Kurz-Linie – „Hier ist wirklich etwas gelungen!“

Das Scharmützel zwischen den beiden Boulevard-Giganten zeigt eindrucksvoll, dass die Ermittlungen nicht nur in der Politik, sondern auch in der mit der Politik in Österreich traditionell viel zu eng „verhaberten“ Medienbranche wie eine Bombe einschlugen. Das sollte sich noch verschärfen, denn Ende März 2023 fand auch eine Hausdurchsuchung beim Verlag der Gratiszeitung „Heute“ statt, die im Zusammenhang mit der Tätigkeit von Herausgeberin Eva Dichand, der Ehefrau von „Kronen-Zeitung“-Herausgeber Christoph Dichand, stand. Es geht, juristisch ausgedrückt, auch hier um Untreue, Bestechung und Bestechlichkeit. Die beschuldigten Personen sind mit jenen in der Causa „Beinschab-ÖSTERREICH-Tool“ praktisch ident, nur die Medienmacher sind mit Eva und Christoph Dichand sowie einem „Heute“-Manager andere, wobei auch für sie selbstverständlich die Unschuldsvermutung gilt. Die Wirtschafts- und Korruptionsstaatsanwaltschaft zeichnete in ihrer Presseaussendung zu den Ermittlungsschritten vom 30. März 2023 das Bild eines offenen Medien- und Meinungskaufs mit Steuergeld:

Inhalt der weiteren Ermittlungen ist der Verdacht einer strafrechtlich relevanten Vereinbarung zwischen Amtsträgern der Republik Österreich sowie insbesondere zwei österreichischen Medienunternehmen unter anderem über strafrechtlich relevante Inseratenschaltungen des BMF in 2 österreichischen Tageszeitungen sowie weiteren diesen Zeitungen zuzurechnenden Medien. Laut dieser Vereinbarung sollte im Gegenzug für diese Inseratenschaltungen journalistisches Wohlwollen in der Berichterstattung erzielt und Einfluss auf die redaktionellen Teile auch dieser Medien ermöglicht werden. Zudem sollten österreichische Amtsträger im Interesse einer Medienunternehmerin Einfluss auf Änderungen des Privatstiftungsgesetzes nehmen. (→ WKStA 30.3.2023)

„Krone"-Herausgeber Christoph Dichand soll, wie der „Standard" ausführte, dem BMF-Generalsekretär Thomas Schmid versprochen haben, im Sinne von Sebastian Kurz und der ÖVP „das Thema Kalte Progression in der Krone „groß zu spielen". Die Ermittler vermuten, dass die wohlwollende Berichterstattung aus Kalkül erfolgte, um dadurch einerseits mehr Inseratengeschäft zu lukrieren und anderseits die Regierenden zu einer Änderung des Privatstiftungsgesetzes zu bewegen. Dafür machte sich Eva Dichand – dies behauptet zumindest Thomas Schmid – schon 2015 erstmals stark. Laut „Standard" sei es ihr dabei um „mehr Flexibilität im Stiftungsrecht, weniger Transparenz und die Möglichkeit, eine Stiftung zu vergünstigten Steuersätzen aufzulösen" gegangen.

Auch für das Ehepaar Dichand, das sämtliche Vorwürfe entschieden zurückweist, gilt selbstverständlich die Unschuldsvermutung. Tatsache ist jedoch, dass Thomas Schmid die beiden nicht nur durch seine Aussage belastete, sondern auch diesbezügliche Chat-Nachrichten gefunden wurden. So schrieb er bereits im März 2017 an den damaligen Außenminister Sebastian Kurz:

Hatte sehr langes und gutes Gespräch mit Eva Dichand und in der Folge mit Helmuth Fellner! Hier ist wirklich etwas gelungen! Beide stehen voll hinter dir! In dieser Form gab es das bei einem ÖVP Kandidaten sicherlich noch nie. Einige Punkte müssen aber verstärkt beachtet werden: Stiftungen, Presseförderung, RTR usw. (…) Liebe Grüße Thomas. (→ Der Standard 30.3.2023)

Und im Juli 2017 tippte Schmid die Nachricht an Eva Dichand ins Handy, dass „wir morgen unsere negative Stellungnahme zum Stiftungsgesetz des BMF abgeben". Sie antwortete: „(…) Danke für Info, Hoffe, sehr negativ. (…)"

Die Sorgen der Superreichen

Der Versuch, das Stiftungsrecht zu den eigenen Gunsten zu beeinflussen, ist übrigens nicht der einzige Hinweis darauf, dass Reichtum im Hause Dichand dann und wann durchaus belastend sein kann. Gerede gab es auch bereits 2021 im Zusammenhang mit einer Kunstsammlung im Wert von angeblich rund 300 Millionen Euro des legendären „Krone"-Gründers Hans Dichand, der 2010 verstorben war. Darüber berichtete der „Standard" unter Bezug auf „Österreich", die erbitterte Boulevard-Konkurrenz der Dichand-Medien „Kronen Zeitung" und „Heute", folgendes:

„Österreich" zitiert einen „Insider aus dem Finanzministerium": Demnach habe die Familie jene Teile der Kollektion nach Österreich zurückzuholen versucht, die zuletzt in Zollfreilagern im Ausland lagerten. Dafür wäre eine Einfuhrumsatzsteuer angefallen: in der Höhe von 13 Prozent und nicht 20, wie von dem „Insider" behauptet.

Die Familie habe diese Steuer nicht zahlen wollen, Thomas Schmid sollte eine „konstruktive Lösung" dafür finden, schreibt „Österreich". Eine Erklärung dafür, warum die Fa-

milie künftig auf die Vorzüge eines Zollfreilagers verzichten und die Kunstwerke partout nach Österreich transportieren wollte, hatte der Informant nicht parat. Dem Vernehmen nach soll es gar keinen Re-Import gegeben haben. Vonseiten der Familie Dichand gibt es keine offizielle Stellungnahme. (→ Der Standard 13.7.2021)

Im Frühling 2019 weilten Schmid und die Dichands privat und gemeinsam in Äthiopien. Mit dabei war auch Martin Böhm – einerseits ÖVP-Großspender, andererseits Geschäftsführer des Auktionshauses „Dorotheum", das wiederum zu knapp 16 Prozent der Privatstiftung des Ehepaars Dichand gehört. (→ Der Standard 13.7.2021).

Auslöser für die Spekulationen rund um die Kunstsammlung war ebenfalls eine Handy-Nachricht von Thomas Schmid, der Ende 2018 an den damaligen Bundeskanzler Sebastian Kurz schrieb:

Dichands sind ja gut auf Schiene – keine Klage soweit eingebracht. (→ Unzensuriert 8.7.2021)

Oe24 spekulierte in einem mittlerweile gelöschten Artikel, dass sich dieser Satz auf eine mögliche Anzeige bezogen haben könnte, welche das Finanzministerium geplant haben soll, die aber letztlich unterblieb. Dem Versuch, mit einer parlamentarischen Anfrage Licht ins Dunkel zu bringen, war zumindest ein Teilerfolg beschieden. Denn der damalige Finanzminister Gernot Blümel gab zwar keine Antworten, aber die Art und Weise wie er sie nicht gab, war nicht dazu angetan, den Spekulationen endgültig jeden Nährboden zu entziehen. Führt man meine Fragen und Blümels Antworten zusammen, ergibt sich folgendes Bild:

3. Inwiefern wurden im Bundesministerium für Finanzen die zu leistenden Einfuhrsteuern für wertvolle Bil-

der aus der Sammlung des Hans Dichand thematisiert?
a. War Thomas Schmid in diese involviert?
b. Wenn ja, inwiefern?
c. War das Kabinett des damaligen Bundesministers für Finanzen bzw. dieser selbst damit befasst?
d. Wenn ja, inwiefern?
***Blümel:** Im BMF liegen dazu keine Informationen auf.*

e. Wurden die für die Einfuhr fälligen Steuern in voller Höhe eingefordert und eingehoben?
f. Wenn ja, in welcher Höhe und wann erfolgte die Zahlung?
g. Wenn nein, warum nicht und auf welcher Rechtsgrundlage basierte dies?
h. Wenn nein, können Sie ausschließen, dass Dritte Gegenleistungen dafür erhielten?
i. Wurde eine in diesem Zusammenhang bereits geplante Anzeige nicht eingebracht?
j. Wenn ja, warum und welchen Inhalt wies diese auf?
***Blümel:** Eine Beauskunftung ist aufgrund der abgabenrechtlichen Geheimhaltungspflicht gemäß § 48a BAO nicht möglich. (→ Hafenecker 8.7.2021; Blümel 8.9.2021)*

Im Klartext bedeutet das wohl, dass die Sammlung und ihre steuerliche Behandlung im Finanzministerium sehr wohl Thema waren – in welcher Form auch immer. Blümel behauptet lediglich, über eine Involvierung von Thomas Schmid bzw. des damaligen Ministerkabinetts keine Informationen zu haben. Gäbe es die Causa insgesamt nicht, hätte Blümel auch auf die anderen Fragen gleichlautend antworten können. Hier zieht er sich jedoch auf das Steuergeheimnis zurück – was voraussetzt, dass es etwas geheim zu halten gibt.

Großes Schweigen im U-Ausschuss zur ÖVP-Inseratenaffäre

Die Entwicklungen, die durch die Hausdurchsuchung in der ÖVP-Zentrale am 6. Oktober 2021 losgetreten wurden, zeigen deutlich, dass die Dinge nur dann wirklich in die Gänge kommen, wenn jemand aus dem inneren Kreis bereit ist, sein Wissen zu offenbaren. Dass sowohl die Meinungsforscherin Sabine Beinschab als auch „Chat-Man" Thomas Schmid auspackten, ließ die Ermittler hier Schritt für Schritt vorankommen. Denn ansonsten stoßen sie häufig auf eine Mauer des Schweigens, des Nichtwissens bzw. des Vergessens. Oder wie es bei uns im Untersuchungsausschuss heißt: Die Auskunftspersonen haben entweder „keine Wahrnehmung" oder „keine Erinnerung".

Christian Ries und seine FPÖ-Kollegen stießen bei den Befragungen zum „Beinschab-ÖSTERREICH-Tool" auf eine türkise Mauer des Schweigens.

So war es auch bei den Befragungen zum „Beinschab-ÖSTERREICH-Tool", mit dem selbstverständlich sämtliche Auskunftspersonen aus dem Bereich des Finanzministeriums konfrontiert wurden, allerdings mit überschaubarem Erfolg:

- Der ehemalige Finanzminister, davor Sektionschef im Finanzministerium und heute Leiter der Finanzmarktaufsicht, **Eduard Müller**, entschied sich für „keine Erinnerung“. Obwohl er selbst Teil der via Umfragen bzw. Studien abgefragten Inhalte war und auch parteipolitische Inhalte abgefragt wurden, konnte sich Müller an keine derartigen Aufträge erinnern. Besonders die Abfrage von parteipolitischen Fragestellungen ist brisant, da zu jener Zeit, als Müller Finanzminister war, bekanntlich eine Expertenregierung im Amt war. Die näheren Hintergründe dazu konnte er nicht erläutern. (→ Parlament 4.5.2022/2)
- Der ehemalige Kabinettsmitarbeiter und heutige Gruppenleiter **Michael Krammer** war derjenige, der 2017 gemeinsam mit Sabine Beinschab eine der inkriminierten Studien zum Thema Betrugsbekämpfung ausarbeitete. An diesbezügliche Termine auch zusammen mit Thomas Schmid konnte er sich trotz Kalendereinträgen nicht erinnern. Auch warum ausgerechnet Beinschabs Agentur „Research Affairs“ für diese Studien beauftragt wurde und warum es einen Zeitdruck bezüglich dieser Studien im Hinblick auf die Nationalratswahl 2017 gab, konnte Krammer nicht erklären. Bei Fragen nach etwaigem Missbrauch dieser Studien als vom BMF finanziertes parteipolitisches Werkzeug entschlug sich die Auskunftsperson mehrmals, um sich nicht der Gefahr einer strafrechtlichen Verfolgung aussetzen zu müssen. (→ Parlament 4.5.2022/1)
- Wenig auskunftsfreudig gab sich auch der frühere Finanzminister **Hans Jörg Schelling** auf Fragen des FPÖ-Abgeordneten Christian Ries zur Beauftragung von Studien im BMF und zum „Beinschab-ÖSTERREICH-Tool“. Die Antworten waren entweder Entschlagungen oder kaum bis keine Wahrnehmungen zu den Themen. Schwer zu glauben, dass man hierzu keine Wahrnehmungen hat angesichts der enormen Kosten für das Res-

sort. Beispielsweise wollte Schelling nicht beantworten, ob die Beauftragung von Studien und Umfragen „Chefsache" im BMF gewesen sei. Auch auf die Frage, welche Firmen bzw. Institute mit der Durchführung von Studien beauftragt wurden, verweigerte Schelling die Aussage. (→ Parlament 4.5.2022/6)

- **Gerald Fleischmann**, der „Mister Message Control", der unter Sebastian Kurz zum Leiter der „Stabsstelle Medien" im Bundeskanzleramt aufgestiegen war und nach einem Intermezzo im ÖVP-Parlamentsklub unter Karl Nehammer ein großes Comeback als Kommunikationschef der ÖVP feierte, übte sich im U-Ausschuss in der türkisen Paradedisziplin der Entschlagung. (→ Parlament 14.7.2022/1)
- Schweigsam blieb auch der Mann, den die ÖVP gerne als „Sündenbock" für das Beinschab-Tool opfern würde: **Johannes Pasquali**, suspendierter Abteilungsleiter für Kommunikation im Finanzministerium. Pasquali war eventuell nur Mitwisser, spielte aber als „Werkzeug" eine wichtige Rolle als Schnittstelle zwischen BMF, Parteizeitungen und zum Beinschab-Tool.
- Und der große Schweiger **Thomas Schmid** blieb seiner totalen Verweigerungshaltung auch bei Fragen zum Beinschab-Tool treu.

Die politische Verantwortung für die in diesem Kapitel beschriebenen Machenschaften ist trotz der Entschlagungsorgien und Erinnerungslücken eindeutig geklärt. Sie liegt bei Sebastian Kurz und seinen „Prätorianern", die ihn mit dem „Projekt Ballausplatz" zunächst in der ÖVP an die Macht putschten und ihn dann ins Kanzleramt trugen. Ob sich zu dieser politischen auch eine strafrechtliche Verantwortung hinzugesellt, wird die nächste Zeit weisen.

Urteil gegen Karmasin nur ein Nebenstrang – Hauptverfahren läuft noch

Vor den Richter führte die Affäre bereits die frühere Familienministerin Sophie Karmasin in einem „Nebenstrang" des Verfahrens rund um das Beinschab-Tool. Karmasin fasste 15 Monate Haft auf Bewährung aus, weil sie sich beim Sportministerium auf unlautere Weise Aufträge für Studien gesichert haben soll. Dies soll so abgelaufen sein, dass Karmasin vor allem deshalb den Auftrag erhielt, weil ihr Angebot besser war als die übrigen eingegangenen Offerte. Das Problem dabei: Diese Konkurrenzofferte – unter anderem von Kronzeugin Sabine Beinschab – soll Karmasin selbst organisiert haben. Das nennt sich strafrechtlich „Bestimmung zu wettbewerbsbeschränkenden Absprachen".

Einer weiteren Verurteilung entging die Ex-Ministerin durch „tätige Reue". Durch die Aussage von Sabine Beinschab, wonach Karmasin von ihr Provisionen kassierte, wurde ruchbar, dass die Beschuldigte nach ihrem Ausscheiden aus der Regierung zu Unrecht eine Gehaltsfortzahlung in Höhe von rund 70.000 Euro bezog. Das Geld zahlte sie jedoch zurück, bevor die Staatsanwälte offiziell Ermittlungen einleiteten. Karmasin wurde also durch die Medienberichterstattung vor einer zweiten Verurteilung bewahrt. Allerdings legte die WKStA sowohl gegen diesen Freispruch als auch gegen die für sie zu geringe Strafhöhe im anderen Teil des Prozesses Berufung ein. Auch Karmasins Anwälte haben gegen das Urteil berufen. Es ist somit nicht rechtskräftig.

U-Ausschuss beschert dem nächsten ÖVP-nahen Institut Hausbesuch

Ermittelt wird nun auch gegen ein weiteres Meinungsforschungsinstitut aus dem Dunstkreis der ÖVP. Auch hier stellte sich staatsanwaltlicher Hausbesuch ein. Betroffen war das

Institut „DEMOX“ von Meinungsforscher Franz Sommer und Geschäftsführer Paul Unterhuber. Hier leistete der U-Ausschuss die Steilvorlage, denn Unterhuber war im August 2022 zu Gast – und die Staatsanwälte spitzten offensichtlich die Ohren, denn die Themen seiner Befragung stehen nun auch im Zentrum der strafrechtlichen Ermittlungen.

Wenn die ÖVP bzw. ÖVP-geführte Ministerien Umfragen oder Studien in Auftrag geben, lohnt es sich immer, einen genaueren Blick auf Vergabe, Kosten, Inhalt und auf das beauftragte Unternehmen zu werfen. Neben bekannten Firmen wie „Media Contacta“ und „Campaigning Bureau“ gibt es auch noch die „Demox Research GmbH“, die unbestritten ÖVP-Nähe aufweist. Geschäftsführer Paul Unterhuber, selbst ÖVP-Mitglied, war von 2005 bis 2011 Direktor des Wiener Bauernbundes, der wiederum eine Teilorganisation der ÖVP ist, und im Wiener ÖVP-Klub tätig. Danach wechselte er in die Markt- und Meinungsforschungsbranche. Zuerst war er Mitarbeiter bei „GfK Austria“, und 2018 wurde er Geschäftsführer der von ihm selbst gegründeten „Demox Research GmbH“.

Das Bemerkenswerte ist die zeitliche und politische Nähe. Die Gründung des Instituts erfolgte im Jahr 2018, und gleich in den Jahren 2019, 2020 und 2021 gaben von politischer Seite ausschließlich ÖVP-geführte Ministerien dort Umfragen in Auftrag, die großteils per Direktvergabe abgewickelt wurden – also ohne lästige Konkurrenz in einem Ausschreibungsverfahren. Ebenso auffällig war, dass meist die zuständige Fachabteilung umgangen wurde, wenn es um die Auftragsvergabe bzw. Gestaltung der Umfragen ging. Stattdessen wurden die Details meist direkt mit dem Kabinett oder Generalsekretär festgelegt. (→ Parlament 14.7.2022/2)

Auch Sabine Beinschab hatte ihre Aufträge zumeist mit dem Generalsekretär selbst besprochen.

- Das **Landwirtschaftsministerium** vergab insgesamt drei Umfragen im Untersuchungszeitraum mit einem Auftragsvolumen von 68.520 Euro (2019 „Nachhaltigkeitsmonitor BMNT“ für 23.400 Euro; 2020 „Themenmonitor BMLRT“ für 22.560 Euro; 2021 „Themenmonitor BMLRT“ für 22.560 Euro). (→ Totschnig 30.8.2022)
- Für das **Wirtschaftsministerium** wurden Aufträge an Demox in der Höhe von 229.401,60 Euro vergeben (2020 „Politikschwerpunkte des BMDW“ für 18.540 Euro; „Wirtschaftslage und Konjunkturmaßnahmen in Folge von COVID-19“ für 29.040 Euro; „Zukunft Standort Österreich nach COVID-19“ für 42.960 Euro; „Digitalisierung und Wirtschaft nach COVID-19“ für 60.360 Euro; „Digitalisierung“ für 25.560 Euro; 2021 „Wirtschaftsstandort und Wirtschafts-Claim 2040“ für 6.960 Euro; „Digitaler Aufbruch und Investitionen“ für 45.981,60 Euro). (→ Kocher 30.8.2022)
- Das **Außenministerium** veranlasste 2020 eine Umfrage über „Reisewarnungen“ zum Preis von 10.500 Euro. (→ Schallenberg 30.8.2022)
- Das **Verteidigungsministerium** erteilte der Agentur 2020 einen Auftrag in der Höhe von 20.640 Euro für „Das Bundesheer und die COVID-Krise“. (→ Tanner 30.8.2022)

Gemeinsame Fahrt von Partei und Staat im „Omnibus“

Die Demox-Umfrage im Auftrag des Verteidigungsministeriums warf auch medial einige Fragen auf. Zum Thema „Das Bundesheer und die COVID-Krise“ wurde nicht nur die Haltung gegenüber dem Wirken des Bundesheers in der Corona-Krise abgefragt, sondern auch parteipolitische Fragen wie das Wahlverhalten und die Beliebtheit von Ex-Kanzler Kurz. Also Fragen, die nichts mit dem Bundesheer oder Corona zu tun hatten. Dies vermittelte den Eindruck, dass die Befragung, die von einem ÖVP-geführten Ministerium in Auftrag gegeben und bezahlt wurde, in erster Linie der ÖVP selbst diente. (→ Profil 8.10.2021)

Dies kam auch bei anderen Umfragen unterschiedlicher Ressorts vor. Konfrontiert damit, erklärte Unterhuber im U-Ausschuss, dass es sich um sogenannte „Omnibus-Befragungen" gehandelt habe. Hierbei würden Fragen von unterschiedlichen Auftraggebern in einem Fragebogen zusammengeführt, um Kosten zu sparen. Die jeweiligen Auftraggeber wissen nicht, dass es sich dabei um einen solchen Omnibus handelt. Die Kosten werden dann nach Größe des Auftrages aufgeteilt. Weiters konnte Unterhuber ausschließen, dass ÖVP-Umfragen von Ministern bezahlt und Ergebnisse an Dritte weitergegeben worden seien. (→ Parlament 14.7.2022/2, S. 15) Eine illegale Parteienfinanzierung zugunsten der ÖVP bestritt der Geschäftsführer gegenüber den Abgeordneten. Jedoch wurden anlässlich der Wien-Wahl im Jahr 2020 sehr wohl Umfrageergebnisse für den Wahlkampf und für Hintergrundgespräche verwertet. (→ Die Presse 12.2.2023) Allzu genau dürfte es Unterhuber also nicht genommen haben, als er die Frage nach einer Ergebnisweitergabe von Umfragen an die ÖVP verneinte.

Gegenstand der strafrechtlichen Ermittlungen sind nun die Aufträge aus dem Wirtschafts-, dem Verteidigungs- und dem Landwirtschaftsministerium. Die Beschreibung der Vorgehensweise durch die WKStA erinnert frappant an das Beinschab-Tool:

> *Es besteht der Verdacht, dass im Namen der Bundesministerien zumindest in den Jahren 2020 und 2021 eine Reihe von Umfragen beauftragt wurde, für die keine oder nur teilweise sachliche Notwendigkeit bestand. Gleichzeitig hatten die Umfragen auch ministeriumsfremde Fragen zum Inhalt, die zumindest zum Teil anderen Zwecken gedient haben dürften. Damit wäre der „Grundsatz der Zweckmäßigkeit, Wirt-*

schaftlichkeit und Sparsamkeit" der staatlichen Verwaltung verletzt, und dem Bund mit ihrer Bezahlung ein finanzieller Schaden entstanden, dessen genaue Höhe noch Gegenstand von Ermittlungen ist. (→ WKStA 23.8.2023)

Herbert Kickl hatte schon 2017 den richtigen Riecher

Zum Abschluss dieses Kapitels noch ein spannendes Detail am Rande: Einer roch den Braten mit den frisierten Umfragen nämlich schon wesentlich früher. Herbert Kickl war im Nationalratswahlkampf 2017, als das „Beinschab-ÖSTERREICH-Tool" maßgeblich zum Einsatz gekommen sein soll, Generalsekretär und Wahlkampfleiter der FPÖ. In einem Sammelband über diesen Wahlkampf, herausgegeben von der „Falter"-Journalistin Barbara Tóth und dem Politikberater Thomas Hofer, notierte Kickl in seinem Beitrag unter dem Titel „Mit Fairness zum Erfolg" folgendes:

Wir gingen davon aus, dass der Großteil der publizierten Umfragen im Interesse der Auftraggeber eine künstliche Überhöhung der FPÖ-Position und eine ebenso konstruierte Fundamentalkrise der ÖVP zur Darstellung bringen sollten. Aus unserer Sicht lag die FPÖ zu keinem Zeitpunkt über 30 und die ÖVP zu keinem Zeitpunkt unter 20 Prozent. Der Plan speziell der Strategen der Volkspartei war es offenbar, für die ÖVP im Falle eines Wechsels an der Spitze und damit des Auftritts eines neuen Spitzenkandidaten ohne jedes faktische Zutun einen sofort messbaren Neuerungseffekt erzielen zu können. (→ Kickl 2017, S. 77f.)

Herbert Kickl war damit auf der absolut richtigen Spur. Das Einzige, was er nicht auf der Rechnung hatte, war die mutmaßliche Chuzpe der Kurz-Truppe, sich die gesteuerte Umfragen-Propaganda auch noch vom Steuerzahler finanzieren zu lassen.

300 Millionen Gewinn mit Kika/Leiner – Kurz-Freund Benko ordentlich „aufgemöbelt“

Neben Ex-Kanzler Sebastian Kurz gehört auch einer seiner engsten Freunde zu jenen, die Thomas Schmid in seinen publik gewordenen Vernehmungen bei der WKStA belastete: der Milliardär und Immobilienunternehmer René Benko. Den Inhalt der Vorwürfe fasste die „Presse“ zunächst so zusammen:

> *Es geht um Verkäufe der Immobilien auf der Tuchlauben und dem Goldenen Quartier von Unternehmen von Benko an Unternehmen von Benko, daraus gezogene Gewinne, die Bewertungen der Häuser – und daraus entstandene abzuführende Steuern in Millionenhöhe. Es hatte darum jahrelange Meinungsverschiedenheiten zwischen Finanzamt, Großbetriebsprüfung und Ministerium gegeben. Der „Presse“ liegt der Steuerakt vor, aus dem aus medienrechtlichen Gründen keine näheren Details genannt werden dürfen. (→ Die Presse 24.11.2022)*

Und dann platzte im Spätfrühling 2023 auch noch die Kika/Leiner-Blase, indem bekannt wurde, dass der Möbelkonzern nach seiner „Rettung“ durch Benko im Jahr 2018 insolvent ist.

VIP-Service in den Weihnachtsferien

Wir erinnern uns: Über die Weihnachtsfeiertage im Jahr 2017 öffnete ein Wiener Bezirksgericht extra seine Tore, um eine drohende Insolvenz des Möbelkonzerns Kika/Leiner abzuwenden und dafür den lukrativen Kauf des Leiner-Gebäudes in Bestlage auf der Wiener Mariahilfer Straße durch Benkos „Signa“-Imperium über die Bühne zu bringen. Ex-Kanzler Kurz und sein damaliger Justizminister Josef Moser halfen kräftig mit, damit der Deal grundbücherlich besichert werden konnte. Letztlich erhielt Signa den Zuschlag für sehr günstige 60 Millionen Euro, obwohl es ein zweites Offert über 90 Millionen Euro gab und die architektonisch wertvolle Immobilie nie breiter auf dem Markt angeboten wurde. Mit dem Verkauf der Luxusimmobilie an Benko sanierte sich Kika/Leiner vorerst.

René Benkos Signa kaufte das Leiner-Stammhaus in der Wiener Mariahilfer Straße günstig im Weihnachts-Schlussverkauf. Mittlerweile ist es abgerissen. Bald soll an dieser Stelle das „Kaufhaus Lamarr“ seine Pforten öffnen.

Doch schon im Juni 2018 übernahm das Signa-Konglomerat den gesamten Konzern von der krisengeschüttelten südafrikanischen Steinhoff-Gruppe, da erneut die Insolvenz drohte – wieder auf Vermittlung von Kanzler Kurz. Kika/Leiner verfügte zu diesem Zeitpunkt über 68 Filialen – Benkos Engagement war also in erster Linie ein Immobilieninvestment. Damals war von einem Preis von rund 500 Millionen Euro die Rede. (→ Trend 14.6.2018) Im Detail soll Signa für die Liegenschaften 430 Millionen Euro hingeblättert und sich verpflichtet haben, darüber hinaus 100 Millionen Euro als Sanierungsbeitrag zu leisten, um das Geschäft am Laufen zu halten und die Arbeitsplätze abzusichern.

Verhandlungen zwischen zwei „Schattenmännern"

Benko soll bei beiden Etappen der Übernahme in engem Kontakt mit Sebastian Kurz gestanden sein. Rein formal hatten allerdings beide nichts mit der Sache zu tun. Weder war Kurz befugt, die Interessen des Verkäufers wahrzunehmen, noch war Benko zu diesem Zeitpunkt rechtlicher Vertreter der Signa-Gruppe. Er hat laut Firmenbuch seit Jahren keine offizielle Organfunktion mehr inne. Der „Trend" erklärt die Eigentümerverhältnisse von Signa so:

> *René Benko hat in der Signa Holding keine offizielle Funktion, bestimmt aber deren Geschick als Mehrheitseigentümer. Hauptgesellschafter der Signa Holding ist mit 54,9376 % die Supraholding GmbH, die wiederum von der Familie Benko kontrolliert wird. Über weitere Beteiligungen kontrolliert die Familie Benko 77,6 Prozent der Signa Holding. 15 % der Anteile hält die Haselsteiner Familien-Privatstiftung, 4,46 % die Fressnapf Luxemburg GmbH und 3% Ernst Tanner, Verwaltungsratspräsident von Lindt & Sprüngli. (→ Trend 6.7.2023)*

Dennoch ging es für beide Verhandlungspartner um vieles: Sebastian Kurz wollte sich als politischer Macher und Retter von tausenden Arbeitsplätzen inszenieren, René Benko witterte wohl wie so oft das große Geschäft.

Von der Rettung der Arbeitsplätze war allerdings rasch keine Rede mehr – zumindest nicht in vollem Umfang. Es dauerte keine drei Monate, da wurden zahlreiche Mitarbeiter vor die

Tür gesetzt – immerhin mit einem „Sozialplan", wie der „Kurier" am 7. September 2018 berichtete:

> *Die Geschäftsführung und die Betriebsräte der Möbelketten Kika und Leiner haben sich auf einen Sozialplan für die mehr als 1.100 Mitarbeiter geeinigt, die ihre Jobs verlieren könnten. [...] Je nach Lebensalter, Dienstalter und familiärer Situation bekommen die gekündigten Mitarbeiter mehr oder weniger Geld. Der Sozialplan umfasst unter anderem auch ein Extra-Budget für Mitarbeiter mit sozial besonderen Umständen sowie die Unterstützung und Organisation von eigenen Job-Coachings und Bewerbungshilfen. Die möglichen Stellenstreichungen, die Teil der Restrukturierung unter dem neuen Eigentümer - der Signa Holding von Rene Benko - sind, treffen rund ein Fünftel der österreichischen Belegschaft. (→ Kurier 7.9.2018)*

Arbeitnehmer werden gekündigt, Immobilien versilbert

Schon im Mai 2019 begann Signa damit, Kasse zu machen. Zunächst wurde das Osteuropa-Geschäft des Möbelkonzerns abgestoßen – und zwar ausgerechnet an den erbittertsten Konkurrenten, wie „Die Presse" berichtete:

> *Die Immobilien und Kika-Leiner-Niederlassungen gingen an die Seifert-Gruppe, also an den großen Mitbewerber XXXLutz. Signa soll dafür knapp 200 Millionen Euro erhalten haben, hatte also quasi fast den halben Kaufpreis bereits zurückverdient. (→ Die Presse 1.6.2023)*

Was sich für Signa als besonders vorteilhaft erweisen sollte, ist der Umstand, dass bei Kika/Leiner die Immobilien vom Möbelhandelsgeschäft organisatorisch abgespalten waren. Die Häuser erhielten ihren Wert, während der Möbelhandel in die Immobiliengesellschaft hohe Mietzahlungen leisten musste. Das neuerliche Scheitern des Handelskonzerns war geradezu vorprogrammiert. Signa schien darauf vorbereitet zu sein und trennte sich nach und nach – und selbstverständlich mit Gewinn – von den Immobilien:

> *Während lautstark die Wiederbelebung des Möbelhändlers propagiert wurde, wurden vor allem einzelne, „nicht strategische" Immobilien verkauft. In Linz, Innsbruck, Wels, St. Pölten, Lienz und Wien trennte sich Signa von rund einem Viertel der Kika-Leiner-Immobilien. Kolportiert um weitere knapp 200 Millionen Euro. Fazit: Der Kika-Leiner-Deal war für Benko relativ bald ein gutes Geschäft. (→ Die Presse 1.6.2023)*

Nun wieder zurück in das Jahr 2023: Kurz vor der endgültigen Insolvenz von Kika/Leiner kristallisierte sich auch heraus, was Benkos Signa möglicherweise von Anfang an mit dem Möbelkonzern vorhatte und der Konzern unter Ausnutzung der großen Kooperationsbereitschaft höchster Stellen in Politik und Verwaltung seinen Profit maximierte. Auch hier hatte das Immobiliengeschäft Vorrang:

> *Denn für die verbliebenen knapp 80 Immobilien, ohne Mariahilfer Straße, ohne Osteuropa, ohne den „nicht strategischen" Lagen soll Signa von Supernova Invest annähernd so viel bekommen haben, wie man vor fünf Jahren für die gesamte Gruppe bezahlt hat. (→ Die Presse 1.6.2023)*

Letzte Kika/Leiner-Immobilien gehen an weiteren Kurz-Freund

Auch der nunmehrige Käufer der Immobilien ist Sebastian Kurz übrigens gut bekannt. Die „Supernova"-Gruppe gehört dem aus Deutschland stammenden Grazer Immobilienunternehmer Frank Albert, der 2017 in Summe rund 40.000 Euro für den türkisen Wahlkampf spendete. (→ WirtschaftsWoche 13.10.2017) Möglicherweise brachte Albert genau diese Spende um die Möglichkeit, selbst genau jenes Geschäft zu machen, das René Benko und Signa für sich verbuchen konnten – aber dazu etwas später.

„Die Presse“ rechnete die Summen für Kauf und Verkauf der Kika/Leiner-Immobilien nach und vermutete einen Gewinn von rund 300 Millionen Euro in nur fünf Jahren. (→ Die Presse 1.6.2023) Nicht zu vergessen: Das Leiner-Stammhaus in der Mariahilfer Straße, das Signa für die Mezzie von 60 Millionen Euro erworben hatte, befindet sich nach wie vor im Besitz des Benko-Konzerns. Hier entsteht gerade das „Kaufhaus Lamarr“, das 2025 seine Pforten öffnen soll. „Der Standard“ berichtete dazu Anfang Juni 2023:

> *Die Arbeiten an dem neuen Kaufhaus haben vor rund zwei Jahren begonnen. Ab Mai 2021 wurde die alte Leiner-Filiale abgerissen, übrig blieb lediglich die historische Fassade. Wenige Monate später startete der Bau des neuen Gebäudes. Mittlerweile ist der Rohbau fast fertig, Ende Juni soll die Dachgleiche erreicht werden.*
>
> *Getauft wird das Kaufhaus Lamarr – in Erinnerung an die aus Wien stammende Hollywooddiva und Erfinderin Hedy Lamarr. Sie soll im gesamten Haus an verschiedenen Stellen gewürdigt werden, nicht zuletzt in einem Museumscafé im fünften Stock, das gestalterisch an der Loos-Bar orientiert sein soll. Zum Gesamtprojekt gehört auch ein Hotel der Hyatt-Gruppe unter der Marke Hyatt Thompson, auf dessen Dach ein öffentlich zugänglicher Dachpark geplant ist. Die Eröffnung ist für 2025 angesetzt. (→ Der Standard 1.6.2023)*

Erfahren haben Journalisten all das übrigens im Rahmen einer Führung über die Baustelle des künftigen Kaufhauses, die nur wenige Stunden nach der Bekanntgabe des Verkaufs von Kika/Leiner stattfand …

Konkurrenz feiert: Möbelgeschäft verkauft und sofort in die Pleite geschickt

Während die Immobilien an Frank Alberts „Supernova" gingen, sicherte sich das angeschlagene Möbelgeschäft für drei symbolische Euro ein Team rund um den früheren Top-Manager bei Kika/Leiner, aber auch beim Konkurrenten XXXLutz, Hermann Wieser.

Bei der Übernahme gab man sich in einer auf der Webseite des Immobilienkäufers Supernova veröffentlichten Presseaussendung noch durchaus optimistisch:

> *Das Ziel ist es, das österreichische Traditionsunternehmen weiterzuführen und nachhaltig in eine stabile und erfolgreiche Zukunft zu führen. Kika/Leiner befindet sich angesichts der schwierigen Marktbedingungen der letzten Jahre in einer herausfordernden Lage, die umfangreiche und tiefgreifende Restrukturierungen notwendig machen, mit denen unmittelbar begonnen wird. Das Maßnahmenpaket wird nach eingehender Prüfung durch die neuen Eigentümer möglichst umgehend, spätestens aber bis Ende Juni 2023, feststehen. (→ Supernova 1.6.2023)*

Schon wenige Tage später wurde die geplante Schließung von insgesamt 23 Filialen bekannt. In Wien waren das beispielsweise Standorte im 16. und im 22. Bezirk. (→ Kleine Zeitung 6.6.2023). Mit vielen anderen Möbelhäusern auf der „Abschussliste" haben sie gemein, dass sie in der Nähe von Filialen des größten Konkurrenten „XXXLutz" liegen – jener Möbelhandelskette also, deren Verkauf den ehemaligen Finanzminister Hans Jörg Schelling zum Multimillionär gemacht hatte. (→ Trend, 13.5.2021)

Das bei der Übernahme großspurig angekündigte Maßnahmenpaket sollte in seiner Gesamtheit das Licht der Welt nicht mehr erblicken, denn schon am 12. Juni stand die Insolvenz des Traditionsunternehmens Kika/Leiner fest:

> *Die Leiner & Kika Möbelhandels GmbH hat in den vergangenen Jahren einen riesigen Schuldenturm aufgebaut. Die aktuellen Zahlen: Die Gesamtverbindlichkeiten liegen bei rund 340 Millionen Euro, davon sind rund 130 Millionen unbesichert. Die größten Gläubigerinnen und Gläubiger sind, wie erwartet, die österreichischen Steuerzahlerinnen und Steuerzahler: Der Finanz schuldet das Unternehmen ebendiese 130 Millionen Euro. Davon sind rund 40 Millionen Euro Steuerschulden, die aus der Pandemiezeit resultieren, in der die Finanz den Unternehmen ihre Umsatzsteuerzahlungen gestundet hat. Noch weitaus mehr Ansprüche hat der staatliche Insolvenzentgeltfonds, der die Gehälter der gekündigten Mitarbeiterinnen und Mitarbeiter übernimmt und ihre Beendigungsansprüche. (→ Der Standard 12.6.2023)*

Die Haftung des Verkäufers Signa wurde übrigens mit dem Kaufvertrag auf den Kaufpreis begrenzt – und der betrug ganze drei Euro für insgesamt drei Gesellschaften.

Während im Lichte der aktuellen Ereignisse selbst Medien aus dem Nahbereich der ÖVP wie etwa „Die Presse“ nicht umhinkommen, den moralisch höchst anrüchigen Gewinn von Benkos Signa zu thematisieren, während parallel tausende Kika/Leiner-Mitarbeiter ihre Jobs verlieren, gibt es auch Stimmen, die Signa trotz des guten Geschäfts in eine tiefe Krise schlittern sehen. Der „Trend“ etwa schrieb zuletzt:

> *Der bisher jüngste einer ganzen Serie von Tiefschlägen war der Verkauf der erst im Jahr 2018 übernommenen Möbelhausgruppe Kika/Leiner, die unter dem neuen Eigentümer stante pede Insolvenz anmelden musste. Nicht nur das Gewinner-Image von Benko selbst, sondern auch das seiner Signa-Gruppe ist angekratzt. (→ Trend 6.7.2023)*

Jedenfalls kann Benko Unterstützung stets gebrauchen – auch aus der Politik. Während der deutsche Staat mit Steuergeld eingriff, um die Pleite des traditionsreichen, von Benkos Signa übernommenen Unternehmens „Galeria Karstadt Kaufhof" zu verhindern, wird in Österreich ebenso der Steuerzahler große Teile der Kika/Leiner-Pleite zu stemmen haben, wenn sich etwa, wie zu erwarten ist, die Schulden beim Finanzamt als uneinbringlich erweisen.

Kurz engagiert sich als Geldsammler für Benko

Benko arbeitet indessen an der Rückkehr besserer Zeiten – und zwar gemeinsam mit seinem alten Freund Sebastian Kurz. Wie der „Standard" im April 2021 berichtete, soll Kurz seinem alten „Spezi" bei der Suche nach neuen Investoren geholfen haben – und zwar für die „Signa Sports United", eine „Sports-E-Commerce- und Technologieplattform" mit einem stolzen Umsatz von einer Milliarde Euro im Jahr 2022 – allerdings auch einem enormen Verlust von 566 Millionen Euro:

> *Ein Unternehmen also, das Investoren braucht, um weiter zu expandieren. Und die suchte Benko offenbar auch im Nahen Osten. Genauer gesagt: in den Vereinigten Arabischen Emiraten (VAE), wo viel Geld darauf wartet, ausgegeben zu werden. Etwa bei Mubadala, dem Staatsfonds von Abu Dhabi. Dort werden Beteiligungen im Wert von mehr als dreihundert Milliarden Dollar verwaltet, etwa bei Ferrari, dem Chiphersteller AMD oder der Alphabet-Tochter Waymo, wo Google-Ingenieure an selbstfahrenden Autos basteln. In diesem Portfolio wollte Benko offenbar auch die Signa Sports United sehen – und bei den Verhandlungen soll er sich Unterstützung von Sebastian Kurz geholt haben. (→Der Standard 7.4.2023)*

Die Unterstützung wurde von keinem der Beteiligten bestätigt, allerdings auch von niemandem dementiert, wie der

„Standard“ notiert. Anhaltspunkte für einen guten Draht des Ex-Kanzlers zum Wüsten-Emirat gibt es jedenfalls:

> *Der Ex-Kanzler hat ja ein Start-up mit dem früheren Chef der NSO-Group, die hinter der Spionagesoftware Pegasus steht. Und Mubadala investierte schon 2019 rund 50 Millionen Dollar in jenen Fonds, dem die NSO-Group gehört. Deren Spionagesoftware soll auch in den Vereinigten Arabischen Emiraten zum Einsatz gekommen sein. Österreichs Botschafter in den VAE ist übrigens Etienne Berchtold, einst Kurz' außenpolitischer Sprecher. Seine Bestellung sei „aus parteipolitischem Motiv“ erfolgt, hieß es Ende 2022 in einem Schriftsatz der Gleichbehandlungskommission, an die sich ein unterlegener Bewerber um den Posten gewandt hatte. (→ Der Standard 7.4.2023)*

Wenn die „Kurz-Freunde“ untereinander streiten

Das überbordende Engagement von Sebastian Kurz für den Immobilien-Milliardär René Benko mutet einigermaßen seltsam an, soll Benko doch – im Gegensatz zu vielen anderen Prominenten aus der Wirtschaft – gar keine Spenden an die „Neue ÖVP“ geleistet haben. Einmal mehr liefert der aussagefreudige Thomas Schmid eine mögliche Erklärung. Benko soll ihm – einem damals besonders wichtigen „Prätorianer“ seines Chefs und Kanzlers Kurz – einen Top-Job mit 300.000 Euro Jahresgehalt als „Generalbevollmächtigter“ im Signa-Konzern angeboten haben. Freilich habe er sich dafür eine konkrete Gegenleistung erwartet: Wie auch seinen Superreichen-Kollegen Siegfried Wolf plagte Benko ein Steuerverfahren. Und Schmid hatte noch ein anderes Problem zu lösen: Trotz angeblich zahlreichen Einladungen, die ihm Benko für Aufenthalte auf seiner Yacht oder bei ihm am Arlberg zukommen ließ, durfte er den Kontakt nicht zu intensiv werden lassen, um andere wichtige „Freunde“ von Sebastian Kurz und dessen politischem Projekt nicht misstrauisch zu machen. Das Ehepaar Dichand nämlich pflegt seit dem über eine Holding erfolgten Einstieg von Benkos Signa bei der „Kronen Zeitung" eine innige und in der „Krone" regelmäßig zelebrierte Feindschaft zu dem Immobilien-Tycoon. (→ Der Standard 19.10.2022/3)

Ein ähnliches Problem entstand 2018, als Kika/Leiner zum ersten Mal vor der Insolvenz gerettet werden musste. Denn damals war nicht nur René Benkos Signa an der Übernahme des Möbelgeschäfts – und insbesondere der damit verbundenen Immobilien – interessiert, sondern auch Frank Alberts Supernova-Gruppe, die 2023 schließlich zum Zug kam. Albert hatte 2017 der ÖVP gespendet. Das brachte die ÖVP-Strategen in gewisse Bedrängnis, zusätzlich zu der ohnehin schon dramatischen Lage wegen der akut drohenden Pleite. Gabi Spiegelfeld, Sebastian Kurz' „Edel-Spendenkeilerin", schrieb hochnervös an Thomas Schmid:

> *Zu wem halten wir???*

Schmids Antwort:

> *Wir sind für Rene Benko. Denke der ist mit HBK (Herr Bundeskanzler, Anm.) abgestimmt.*

Wie der „Standard" schon im Februar 2022 interpretierte, kostete Frank Albert seine offiziell bekannt gewordene Spende an Kurz möglicherweise den Zuschlag in diesem extrem lukrativen Immobiliengeschäft, denn:

> *Bei einer Übernahme durch Albert habe die Politik einen massiven Stellenabbau befürchtet, erzählten Involvierte später dazu. Das sei politisch auch deshalb nicht opportun gewesen, weil Alberts Supernova öffentlich als Spender an die ÖVP bekannt gewesen sei. Deshalb habe auch der damalige Kanzler selbst mit Albert telefoniert. Das berichtete*

auch Spiegelfeld am frühen Abend des 14. Juni an Thomas Schmid. Sogar die Verleihung eines Ehrenkreuzes an Unternehmer Albert soll damals als Argument ins Spiel gebracht worden sein, „ich hab ihm gesagt, du gibst ihm kein Ehrenzeichen", schrieb Spiegelfeld an Schmid. Kurz vor 20 Uhr hatte sie berichtet: „Albert auf Schiene". Das Ehrenkreuz erhielt Albert jedenfalls im Herbst 2018 von Finanzminister Hartwig Löger „für seine unternehmerische Qualität und den sozial verträglichen Abbau der Baumax AG". (→ Der Standard 4.2.2022)

Im Juni 2023 schlug dann endlich die Stunde von Frank Alberts „Supernova". Im „Standard" wurde er als „Kopf des Tages" präsentiert. Benkos Gewinn, der laut Berechnungen der „Presse" zumindest 300 Millionen Euro betragen soll, ging ihm freilich durch die Lappen. Besonders bitter, soll er doch nicht nur selbst an Kurz gespendet, sondern sich gemeinsam mit Gabi Spiegelfeld auch um die Akquisition weiterer Förderer gekümmert haben… (→ Der Standard 2.6.2023)

Arbeitnehmer und Steuerzahler als Verlierer, Raiffeisen als großer Gewinner

Für uns Freiheitliche war nach Bekanntwerden der skandalösen Umstände des Verkaufs und der Insolvenz von Kika/Leiner von Anfang an klar: Die verbale Kritik an diesem Wirtschaftsskandal rund um die „Freundschaftsgruppe" Kurz-Benko ist das eine, den Worten müssen jetzt aber auch Taten folgen – also die konsequente, schonungslose und umfassende Aufklärungsarbeit. Das sind wir den Steuerzahlern schuldig, das haben sich aber vor allem auch die Mitarbeiter von Kika/Leiner verdient, denen von einem Tag auf den anderen die Existenzgrundlage entzogen wurde.

Aber auch die Gesamtheit der Steuerzahler kommt einmal mehr zum Handkuss. Bei der ersten Gläubigersitzung am 21.

August 2023 meldete das Finanzamt mit 46 Millionen Euro fast die Hälfte der insgesamt 93,2 Millionen Euro an Forderungen ein. (→ Kurier 21.8.2023) Die rund 8,8 Millionen Euro, die Kika/Leiner seinen Dienstnehmern schuldet, wird ebenso der Staat übernehmen müssen. Dazu stellt sich die Frage, ob die seit dem Jahr 2020 gewährten 21,1 Millionen Euro an Förderungen des Arbeitsmarktservice widmungsgemäß verwendet wurden, was leider erst jetzt geprüft wird, wo man das Geld ohnehin „abschreiben" muss. Sollte dies nicht der Fall gewesen sein sowie gegen Vertragsbedingungen verstoßen worden sein, hat der von Benkos Signa verkaufte Kika/Leiner-Konzern den Staat und damit die Steuerzahler also noch mehr gekostet als bisher angenommen. (→ Freiheitlicher Parlamentsklub 21.8.2023)

Und so richtig zu stinken beginnt die Sache, wenn man sich vor Augen führt, was der kompetente Finanzombudsmann Gerald Zmuegg schon am Tag nach der Insolvenzanmeldung zu Tage beförderte. Er formuliert treffend:

> *Die Insolvenz der KIKA/Leiner – Gruppe hinterlässt viele Verlierer. Die Raiffeisenlandesbank NÖ/Wien gehört jedoch definitiv nicht dazu. […] Die operative Gesellschaft Rudolf Leiner Gesellschaft m.b.H. – die für das Kundengeschäft zuständig ist – hat per 30.09.21 keine Bankverbindlichkeiten in ihren Büchern. Dafür sind 32,6 Mio. Euro an Steuerverbindlichkeiten ohne Sicherheiten angeführt, die dem Steuerzahler nun wohl größtenteils verloren gehen. (→ Zmuegg 12.6.2023)*

Zmuegg zeigt deutlich, wie sich Benkos Signa auch hier die Trennung zwischen dem operativen Möbelgeschäft und der Immobiliengesellschaft zu Nutze gemacht haben soll:

> *Die Immobiliengesellschaft wurde im Jahr 2019 mit einem Kredit von EUR 123,2 Mio. durch die RLB NÖ-Wien finan-*

ziert. Die Rückführung dieses Kredites erfolgt aus den Mieteinnahmen der Rudolf Leiner Gesellschaft m.b.H. die nun in Konkurs geschickt werden soll. (→ Zmuegg, 12.6.2023)

Wir brauchen den nächsten U-Ausschuss!

Die Verantwortung für das schaumgebremste, völlig unübliche Vorgehen der Behörden gegenüber Kika/Leiner während der Eigentümerschaft durch Benkos Signa liegt jedenfalls einmal mehr beim ÖVP-geführten Finanzministerium. Sowohl die Höhe der Steuerstundungen als auch die fehlende Besicherung werfen Fragen auf. Bei dieser Höhe von Steuerstundungen ist eine Zustimmung eigentlich nur mit einer Sicherheitsleistung üblich. Als Sicherheitsleistung kommen primär Wertpapierdepots (mündelsichere Wertpapiere) und Bankgarantien in Betracht. Ferner sind auch Pfandrechte an Liegenschaften oder Forderungszessionen möglich. In diesem Fall hätte es die Zustimmung für den Verkauf der Liegenschaften durch die Finanz gebraucht, was den Benko-Immobilien-Deal wohl deutlich erschwert hätte. Unterm Strich haben wir hier ein Business-Modell, das wir schon von anderen Deals kennen: Der Finanzminister hat es zu verantworten, dass Signa und Raiffeisen die Gewinner und die Steuerzahler und Arbeitnehmer die Dummen sind.

In einem parlamentarischen Untersuchungsausschuss muss daher geprüft werden, warum das nicht passiert ist. Die Finanzprokuratur muss hier ebenfalls eine Prüfung einleiten. Ihr Leiter Wolfgang Peschorn hat bereits angedeutet, dass die Frage zu klären sein wird, ob Gläubiger ungleich behandelt wurden. (→ Kleine Zeitung 23.6.2023) Denn es darf nicht sein, dass die österreichischen Steuerzahler die Dummen sind, während sich ÖVP-Günstlinge auf deren Kosten ein schönes Leben machen. Dieser Staat gehört nicht der ÖVP.

Die wichtigsten Fragen rund um Kika/Leiner

In einem Untersuchungsausschuss wären zahlreiche Fragen rund um das Schicksal der Möbelkette Kika/Leiner seit dem erstmaligen Auftreten von Benkos Signa Ende 2017 zu klären. Hier einige Beispiele:

- Warum bekam Kika/Leiner unter Signa-Eigentümerschaft in den Genuss von Steuerstundungen ohne Sicherheiten? Verantwortlich dafür sind die ÖVP-Finanzminister Hartwig Löger, Eduard Müller, Gernot Blümel und Magnus Brunner.
- Warum kontrollierte die mittlerweile von Eduard Müller geleitete Finanzmarktaufsicht nicht den dubiosen Kredit der Raiffeisen-Landesbank NÖ/Wien an Kika/Leiner?
- Wo war die Bundeswettbewerbsbehörde bei der Übernahme des Möbelhandels durch Hermann Wieser – einen ehemaligen Manager des Hauptkonkurrenten XXXLutz? Wie kann es sein, dass man ein de facto insolventes Unternehmen um drei Euro kauft, dann die Insolvenz offiziell macht und damit der Konkurrenz eine faktische Monopolstellung im österreichischen Möbelhandel verschafft? Auffällig ist hier, dass der ehemalige Chef von XXXLutz auch einmal ÖVP-Finanzminister war: Er heißt Hans Jörg Schelling.
- Warum hat der ÖVP-Spender Frank Albert nicht schon 2018 Kika/Leiner übernommen, warum erst jetzt und nur die Immobilien? Dazu gibt es zahlreiche Chatnachrichten, die belegen, dass Benko von der türkisen „Nomenklatura" bevorzugt wurde.
- Warum bekam Kika/Leiner Corona-Förderungen, obwohl bereits bekannt war, dass es massive Probleme gibt? Chef der für die Bearbeitungen der Corona-Förderungen zuständigen Gesellschaft COFAG war Bernhard Perner, der aktiv in den Kika/Leiner-Deal 2018 eingebunden war? „Deal fliegt", meldete er via Handynach-

richt an BMF-Generalsekretär Thomas Schmid, wie der „Standard“ berichtete:

> *Dasselbe schrieb ihm Signa-Manager Stadlhuber drei Minuten später, und: „Danke an Perner“, ohne den es nicht geklappt hätte. Man habe Stadlhuber „so gut es ging zugearbeitet“, versicherte Schmid Unternehmer Benko. (→ Der Standard 4.2.2022)*

Wie die letzte dieser Fragen zeigt, spielt die Benko/Kika/Leiner-Affäre auch in das Corona-Thema hinein, wo noch längst nicht alles aufgearbeitet ist. Neben dem unfassbaren Unrecht, das die schwarz-grüne Regierung mit Zwangsmaßnahmen wie Lockdowns, Betriebsschließungen und Impfpflicht auf sich geladen hat, muss bei der Aufarbeitung ein besonderes Augenmerk auch auf den milliardenschweren Förderungen liegen, die unter den strengen Augen parteipolitisch handverlesener Geschäftsführer, dafür versteckt vor den kontrollierenden Blicken des Parlaments vergeben wurden.

Pinke Pseudo-Opposition fiel um und blieb liegen

Als möglicher Partner für die Einsetzung eines Untersuchungsausschusses steht uns Freiheitlichen allerdings einzig und allein die SPÖ zur Verfügung. Denn die dritte Oppositionspartei, die NEOS, haben daran wohl kein Interesse. Wahrscheinlicher Grund: Der größte NEOS-Sponsor Hans Peter Haselsteiner hat erst vor rund zwei Jahren seinen Anteil an Benkos Signa-Gruppe auf 15 Prozent erhöht. Von jedem Euro, den Signa seither an Kika/Leiner verdient hat, profitierte also auch Haselsteiner. Das erklärt wahrscheinlich auch, warum die NEOS in einer ersten Reaktion gegen einen Untersuchungsausschuss zu diesem Skandal aufgetreten sind – weil sie ihren pinken „Oligarchen“ schützen wollen. (→ Freiheitlicher Parlamentsklub 21.6.2023)

Dabei ist die pinke Pseudo-Oppositionspartei Wiederholungstäterin. Die NEOS verhinderten bereits durch ihr Mitwirken am Abdrehen des ÖVP-Korruptions-Untersuchungsausschusses viel weitere Aufklärungsarbeit und sabotierten im Speziellen eine umfassende Beschäftigung mit dem Corona-Missmanagement der Regierung. Denn ursprünglich war zwischen den Fraktionen mit Ausnahme der ÖVP vereinbart worden, den Untersuchungsausschuss um einige Monate zu verlängern. Doch die NEOS ließen sich offenbar von der ÖVP „einkochen" und vollzogen verdächtig knapp vor der niederösterreichischen Landtagswahl im Jänner 2023 ihre 180-Grad-Drehung, um voll auf ÖVP-Linie umzuschwenken. Mit dem vorgeschobenen Argument, dass es nun Reformen und keiner weiteren Aufklärung bedürfe, die laut NEOS ohnehin nichts Neues mehr zu Tage fördern würde, lavierte man sich aus der Verantwortung, nicht nur die Corona-Verbrechen aufzuklären, sondern auch Thomas Schmid ein weiteres Mal vorzuladen und zu befragen.

Aus einer Regierungsbeteiligung in Niederösterreich wurde es bekanntlich für die NEOS nichts, aber wer weiß, vielleicht kann die ÖVP ja auf Bundesebene einen Mehrheitsbeschaffer brauchen …

Corona – Das System funktioniert wie geschmiert

Fast schon zwangsläufig beschäftigte sich der ÖVP-Korruptions- Untersuchungsausschuss auch mit den Vorgängen der schwarz-grünen Bundesregierung und besonders mit den Aktivitäten der ÖVP während der Corona-Pandemie. Neben allen Facetten des Unrechts, das im Namen der Pandemie-Bekämpfung begangen wurde, war die Steuergeldverschwendung und Bereicherung einiger „Krisen-Profiteure" wohl das größte Feld im Befragungsreigen – noch dazu eines, das bis zum heutigen Tage kaum aufgeklärt wurde.

Es geht um Milliarden an Steuergeld für dubiose Masken-Deals, Impfstoffbeschaffungen, Medien- Sonderförderungen und Inseratenexzesse sowie Ausgleichs- und Hilfszahlungen aus Corona-Fonds an ÖVP-Netzwerke. Und mittendrin befand sich die in einer Nacht-und-Nebel-Aktion und ohne Einbindung des Parlaments von ÖVP-Ex-Finanzminister Gernot Blümel gegründete Covid-19-Finanzierungsagentur (COFAG), welche die von der Bundesregierung verordneten Maßnahmen zu Behebung des von ihr selbst verursachten wirtschaftlichen Schadens für Unternehmen abwickelte.

FPÖ fordert Corona-Untersuchungsausschuss

Ende Dezember forderte die FPÖ die Einsetzung eines eigenen Corona-Untersuchungsausschusses im Anschluss an den ÖVP-Korruptions-Untersuchungsausschuss und brachte einen entsprechenden Antrag auch im Nationalrat ein. (→ Hafenecker u.a. 1.3.2023) Dieser wurde jedoch von den Blockparteien ÖVP, Grüne, SPÖ und NEOS vorerst verhindert. (→ Unzensuriert 23.3.2023) Der von der FPÖ weiterhin geforderte U-Ausschuss soll sich dabei nicht nur mit den bekannten Verdachtslagen der Korruption bei Vergaben, Inseraten und Beschaffungen widmen, sondern auch Zensurmaßnahmen und Manipulationen in der medialen Berichterstattung zur Pandemie durch Regierungsbehörden zum Inhalt haben. (→ Unzensuriert 30.12.2022)

Was diese Punkte betrifft, ist vor den nächsten Wahlen nicht zu erwarten, dass die Corona-Täterparteien durch das Ermöglichen politischer Untersuchungen Einsicht zeigen. In Zusammenhang mit Kika/Leiner allerdings, wo im Zuge des Insolvenzverfahrens auch ein Missbrauch von Corona-Förderungen möglich ist, könnte zumindest die COFAG durchleuchtet werden.

Die COFAG als „Black Box“ mit türkisem „Inner Circle“-Chef

Schon im abgeschlossenen U-Ausschuss haben wir uns nach Kräften bemüht, die „Black Box“, die dieses eigens geschaffene Förderungs-Vehikel namens COFAG darstellt, zu durchleuchten. Dafür wurden die relevanten Personen aus diesem Komplex vor den Untersuchungsausschuss geladen, darunter der ehemalige Geschäftsführer der COFAG und „türkise Verbindungsoffizier“ Bernhard Perner.

> *Ein Guter und einer der von Anfang an dabei war – ein Loyaler. Der Perner ist einer, wenn man es so nennen kann, im inner-circle. (→ Oe24 15.2.2022)*

So beschrieb die damalige Assistentin des ÖBAG-Chefs Thomas Schmid dessen engen Vertrauten Perner. Dies trifft, wenn man sich Perners Werdegang im türkisen System ansieht, durchaus zu. Der studierte Chemiker chattete nicht nur mit dem damaligen ÖBAG-Vorstand Schmid, sondern die beiden waren auch gemeinsam im Finanzministerium tätig. Perner war von 2013 bis 2019 Kabinettsmitarbeiter im Bundesministerium für Finanzen. Genau in diesem Zeitraum begann der Aufstieg von Sebastian Kurz durch sein „Projekt Ballhausplatz", mit tatkräftiger Unterstützung durch Thomas Schmid aus dem Finanzministerium.

Vom „Projekt Ballhausplatz" und vom „Beinschab-Tool" habe er jedoch nur aus den Medien erfahren, beteuerte Perner vor den Abgeordneten im U-Ausschuss. Angesprochen auf das Steuerkonzept für die Regierungsverhandlungen 2017, das von BMF-Kabinettsmitarbeitern erstellt und von einer externen Agentur (ICG) begleitet, aber eben durch das Finanzministerium bezahlt und ausschließlich für die ÖVP erstellt wurde, meinte Perner:

> *Dass man einen Kabinettsmitarbeiter um wichtige – oder um Themen bittet, die eventuell wesentlich sind, ist jetzt nichts Ungewöhnliches. Ich kann mich aber jetzt nicht mehr konkret an eine bestimmte Excel-Liste erinnern. (→ Parlament 16.12.2022, S. 65)*

Die Agentur war ihm ein Begriff, der Vorfall leider nicht. Perner dürfte jedoch gute Arbeit geleistet haben bzw. ein Vertrauensmann im „inner circle" gewesen sein, sodass er dann – parallel zu seiner Tätigkeit im Kabinett – ab 2016 Geschäftsführer der ABBAG (Abbaubeteiligungsgesellschaft des Bundes) wurde. Die ganze Zeit über war Thomas Schmid sein Kabinettchef und ab 2015 zusätzlich sein Generalsekretär. Im Jahr 2019, als Schmid Vorstand der ÖBAG wurde, wurde Perner Prokurist in der ÖBAG, bevor er eben im April 2020 einer von zwei Geschäftsführern der COFAG wurde, die als Tochtergesellschaft der ABBAG errichtet worden war.

In diesen Funktionen kassierte Perner in den Jahren 2019, 2020, 2021 insgesamt ein Salär von über 1,1 Millionen Euro. Bei der COFAG dürften sich die Schwarz-Türkisen auf Steuerzahlerkosten ausgetobt haben, als gäbe es kein Morgen.

Wer hats erfunden?

Am 27.3.2020 erfolgte die Gründung und Übertragung der COFAG an die ABBAG. Schon bei der Gründung gab es von verschiedenen Seiten Kritik an dieser Konstruktion. Gerade die FPÖ kritisierte die COFAG von Anfang an und wurde am Ende durch den Rechnungshof auch bestätigt.

Der wesentliche Punkt war, dass mit der COFAG eine ausgelagerte Gesellschaft errichtet wurde, die sich der parlamentarischen Kontrolle entzog und somit per se anfällig für Korruption, politische Einflussnahme, Freunderlwirtschaft und Steuergeldverschwendung war. Zwar bestritten die beiden Geschäftsführer eine politische Einflussnahme, aber wenn man sich die Beträge ansieht, die an externe Berater, Mitarbeiter und an unterschiedliche Empfänger flossen, kann man durchaus von der COFAG als einem „schwarzen Steuergeldverteilungskonstrukt" sprechen.

Wer die Idee für die COFAG hatte und wer bei der Gründungsbesprechung dabei war, wurde zu einem Mysterium. Perner meinte, dass die Idee aus dem Finanzministerium gekommen sei, aber Namen konnte er keine nennen. Ob gewisse ÖVP-Freunde bevorzugt wurden, konnte ebenso wenig geklärt werden, aber die Indizien, dass es möglicherweise so war, waren durchaus vorhanden.

So stand in einer E-Mail, gesendet vom grünen Nationalratsabgeordneten Jakob Schwarz an einen Wiener Landtagsabgeordneten von den Grünen und an Josef Meichenitsch, einen engen Vertrauten von Vizekanzler Kogler:

könntest du insbesondere mit Bezug auf mögliche benefits für „Perners Freundeskreis“ draufschauen?
(→ Parlament 16.12.2022, S. 35)

Diese Nachricht wurde zu einem Zeitpunkt geschrieben, als die Richtlinien der COFAG erarbeitet wurden. Auf die Frage, was mit „Perners Freundeskreis“ gemeint sei, meinte dieser selbst:

Habe ich keinerlei Wahrnehmung dazu, was das bedeuten soll. Also ich kenne Jakob Schwarz, aber was er damit gemeint haben will, das weiß ich nicht.
(→ Parlament 16.12.2022, S. 35)

Ob nun „Freunde“, „Wünsche“ oder eine gewisse ÖVP-Klientel von Perner bei der Erstellung der Richtlinien bewusst berücksichtigt wurden, konnte somit nicht geklärt, darf aber durchaus vermutet werden.

Ein grünes „Beiwagerl“ für den türkisen Geschäftsführer

Mit Marc Schimpel wurde der zweite ehemalige COFAG-Geschäftsführer und das grüne Pendant zum „türkisen“ Bernhard Perner vorgeladen. Schimpel war in der COFAG für den operativen Teil zuständig. Er war zuvor im Grünen Parlamentsklub als Finanzreferent und Büroleiter und bei der Beratungsfirma PricewaterhouseCoopers (PwC) tätig.

Dies ist insofern interessant, als die COFAG laut eigenen Auskünften insgesamt knapp 36 Millionen Euro für externe Dienstleister ausgab. Dies war einer der vielen Kritikpunkte der Opposition wie auch des Rechnungshofes. (→ Rechnungshof 28.10.2022) Hierbei wurden vor allem die sogenannten „Big Four“ der Wirtschafts- und Unternehmungsberaterbranche berücksichtigt. Das Unternehmen PwC, bei dem Schimpel zuvor tätig war, erhielt von der COFAG ein Auftragsvolumen von insgesamt 2,8 Millionen Euro. Das Unternehmen Deloitte – vormaliger Arbeitgeber von Perner – verursachte Kosten von 2,8 Millionen Euro; und die KMPG erhielt Aufträge in Summe von acht Millionen Euro. Hier wiederum war der Aufsichtsratsvorsitzende der COFAG, Martin Wagner, ehemaliger Geschäftsführer. Falls Sie sich an diesen Namen aus dem ersten Kapitel dunkel erinnern: Ja, das ist derselbe Martin Wagner, der als Aufsichtsratsvorsitzender der ÖBAG vorgesehen war, dann aber nicht zum Zug kam, weil ihn der Kanzler nicht kannte. Gut möglich, dass das ÖVP-geführte Finanzministerium hier danach trachtete, die einem angesehenen Manager zugefügte Kränkung wiedergutzumachen.

Über die Gründung zur COFAG hatte Marc Schimpel keine Wahrnehmungen. Er wurde lediglich vom Kabinettchef des Vizekanzlers Werner Kogler gefragt, ob er interimistisch die Geschäftsführung übernehmen möchte, beteuerte er.
(→ Parlament 14.2.2023, S. 5)

Der Rechnungshof vernichtet die COFAG

Der Endbericht des Rechnungshofs zur COFAG bestätigte alle Kritik, die von Anfang an durch die FPÖ geäußert worden war. (→ Rechnungshof 2022) Der Bericht stellte der COFAG bzw. den politischen Verantwortlichen ein vernichtendes Urteil aus. Die vom Rechnungshof erstellte Liste des Versagens der COFAG ist lang und beinhaltet folgende Kritikpunkte:

- Überförderungen der Betriebe mit bis zu elf Millionen Euro
- Unfassbare 36 Millionen Euro für externe Berater
- Fehlerhafte Bestellung der Geschäftsführer
- Doppelbezüge eines Geschäftsführers
- Zu hohe Gagen für Aufsichtsräte
- Fehlende Transparenz und Dokumentation bei der Gründung der COFAG

Der Rechnungshof kam zu dem Schluss, dass die COFAG aufzulösen sei.

Hierzu war die Rechnungshofpräsidentin Margit Kraker im Untersuchungsausschuss geladen, um den Abgeordneten Details über dieses Geldverteilungs-Konstrukt zu vermitteln, welches sich außerhalb jeder parlamentarischen Kontrolle befindet.

Susanne Fürst befragte Rechnungshof-Präsidentin Margit Kraker, die an der COFAG kein gutes Haar ließ.

Als wesentliches Argument der Bundesregierung, was die Rechtfertigung der COFAG angeht, wurde immer wieder angeführt, dass es infolge der Pandemie zu raschen Entscheidungen kommen musste, um eine nachhaltige Schädigung der Wirtschaftsstruktur zu vermeiden. Die außerhalb jeder Kontrolle angesiedelte Gesellschaft sei sozusagen alternativlos gewesen. Perner meinte bei seiner Befragung, dass Alternativen zur COFAG besprochen und abgewogen worden seien. Dem trat die Rechnungshofpräsidentin entschlossen entgegen. Sie kritisierte, dass es überhaupt möglich war, ein Förderinstitut mit einer Ausstattungsverpflichtung von über 19 Milliarden Euro zu schaffen, ohne dass es dafür eine nachvollziehbare Dokumentation der Entscheidung im BMF gab und ohne dass Alternativen abgewogen worden wären. Auf die Frage der FPÖ-Abgeordneten Susanne Fürst, ob sie Wahrnehmungen zur ausreichenden Dokumentation habe, meinte die Präsidentin:

> *Also dokumentationsmäßig haben wir keine Wahrnehmung dazu. (→ Parlament 6.12.2022, S. 11)*

Angesprochen auf die Prüfung der Sparsamkeit, Wirtschaftlichkeit und Zweckmäßigkeit, die der Rechnungshof nach seinen verfassungsrechtlichen Aufgaben bei der COFAG durchführte, sagte Kraker wörtlich:

> *Die Sparsamkeit können wir da nicht bestätigen. (→ Parlament 6.12.2022, S. 12)*

Enorme Kosten für externe Dienstleister

Den höchsten Kostenpunkt mit insgesamt 36 Millionen Euro machten die externen Dienstleister aus. Dieses Geld wurde für Rechtsberatung, Prüfung von Förderfällen und Garantieanträgen, Callcenter, Prozessberatung, interne Revision etc. herangezogen. Auch das wurde durch den Rechnungshof kritisiert. Dieser drängte darauf, dass man das benötigte „Know-how" in der Verwaltung selbst aufbauen solle und erst, wenn es notwendig ist, auf externe Berater zurückgreifen. Gerade im Bereich des Förder- und Beihilfenrechts wurde Expertise zugekauft, obwohl hier eigene Kenntnis vorhanden gewesen wäre.

Auch die Gagen der Aufsichtsräte waren nicht angemessen. Eine von der ABBAG beauftragte Benchmark-Studie zog als Vergleichsgruppe heimische Banken mit einer Bilanzsumme von 8 bis 20 Milliarden Euro heran, obwohl die COFAG weder eine Bank war noch eine derartige Bilanzsumme vorweisen konnte, vor allem aber keine finanziellen Risiken zu tragen hatte. Als Sitzungsentgelt wurden dem Finanzministerium 800 Euro pro Sitzung und Aufsichtsrat empfohlen. Kraker dazu:

> *Die Wahrnehmung ist die, dass der Vergleich sozusagen mit den Banken – unter Anführungszeichen – mit dem Bankensektor für die Höhe der Aufsichtsratsvergütungen aus unserer Sicht nicht gepasst hat. (→ Parlament 6.12.2022, S. 12)*

Auch das Überförderungspotenzial bei gewissen Unternehmen wurde kritisiert. Die teils unterschiedlichen Förderinstrumente ermöglichten es, dass manche Betriebe nur aufgrund ihrer Branchenzugehörigkeit eine Finanzspritze erhielten. Diese Unternehmen mussten zum Teil gar keinen finanziellen Schaden nachweisen.

Aber auch das Gehalt des Geschäftsführers Perner war eine Sache für sich. Ausschreibung und Bestellung der Geschäftsführung entsprachen nicht dem Stellenbesetzungsgesetz. Die COFAG wurde als Tochtergesellschaft der ABBAG gegründet. Der Geschäftsführer der ABBAG, Bernhard Perner, war dann auch einer der interimistischen Geschäftsführer der COFAG, also zwei Funktionen in einer Person. Als Geschäftsführer der ABBAG bezog er 280.000 Euro Jahresgehalt. Durch die interimistische Tätigkeit in der COFAG bekam er zusätzlich noch einen Jahresbezug von 175.000 Euro, welcher anteilsmäßig für das Jahr 2020 116.700 Euro entsprach. Im Jänner 2021 wurde die Konzernklausel aufgehoben, und Perner wurde dann für die COFAG ein Jahresbezug von 253.000 Euro festgesetzt und der Bezug der ABBAG auf 97.000 Euro reduziert. Nicht vergessen darf man dabei Perners „Nebentätigkeit“ in der ÖBAG, wo ihm von April 2019 bis März 2020 noch ein Salär von 150.000 Euro gewährt wurde.

Kleines Detail am Rande: Ein externer Protokollschreiber für Aufsichtsratssitzungen der COFAG wurde für seine Arbeit im Zeitraum von April bis September 2020 mit unfassbaren 125.000 Euro entlohnt. (→ Freiheitlicher Parlamentsklub 28.10.2022)

Die ÖVP als vielfacher Corona-Profiteur

Wir Freiheitliche waren von Anfang gegen die Gründung der COFAG, weil wir angesichts des schon damals erkennbaren korruptiven Verhaltens der ÖVP befürchtet haben, dass dieses eigentlich überflüssige Konstrukt zur Auszahlung von Corona-Hilfen als Selbstbedienungsladen für den ÖVP-Freundeskreis dienen würde. Und wir sollten leider recht behalten. Wie die ÖVP die von ihr selbst massiv betriebene Corona-Politik zum eigenen Vorteil nutzte, zeigen auch zahlreiche andere Affären, die im Rahmen des Untersuchungsausschusses zur Sprache kamen:

Teure Corona-Tests für „sichere Gastfreundschaft"

Neben den Screenings der Bundesländer, den Tests in Apotheken sowie den Schultests gab es auch eigene Corona-Testprogramme für den Tourismus: Das Angebot „Sichere Gastfreundschaft" startete im Juli 2020 und sollte mittels kostenloser Tests mithelfen, Österreich nach der ersten Corona-Welle wieder als sicheres Urlaubsland zu positionieren. Eingeführt wurde das Angebot unter der damaligen ÖVP-Tourismusministerin Elisabeth Köstinger und lief bis April 2022. Insgesamt 2,53 Millionen PCR-Tests wurden durchgeführt. Die Endabrechnung zeigt, dass für die Tourismustests von der öffentlichen Hand großzügig Geld in die Hand genommen wurde. Denn für das Angebot „Sichere Gastfreundschaft" wurden bis Ende Mai 2022 insgesamt fast 172,5 Millionen Euro ausbezahlt. Ein PCR-Test kostete damit durchschnittlich knapp 70 Euro – ein sehr hoher Wert, der

vermuten lässt, dass hier absichtlich und auf Kosten der Steuerzahler überteuerte Preise bezahlt wurden.
(→ Der Standard 20.6.2022)

Mit dieser Grafik warb die Wirtschaftskammer unter ihren Gastronomie-Betrieben für die Aktion „Sichere Gastfreundschaft", die den Steuerzahler 172,5 Millionen Euro kostete.

Großes Geld für junge Bauern

Auch in die Causa „Jungbauernschaft Tirol" war Köstinger indirekt involviert. Diese kassierte Corona-Förderungen aus dem von Vizekanzler Werner Kogler (Grüne) verwalteten Unterstützungsfonds für Non-Profit-Organisationen in Höhe von 853.000 Euro. Diese Förderungen sind jedoch für Parteiorganisationen nicht erlaubt. Immerhin ergab eine nachträgliche Prüfung in Koglers Ministerium, dass der Großteil der Förderungen – nämlich 816.000 Euro – zurückbezahlt werden mussten. (→ Der Standard 12.9.2022)

Die Jungbauernschaft ist die Jugendorganisation des Bauernbundes, vergleichbar mit der Jungen Volkspartei, also eine direkte Vorfeldorganisation der ÖVP. In Tirol ist die Jungbauernschaft sogar mit der offiziell parteifreien Landjugend verwoben. Elisabeth Köstinger war von 2002 bis 2006 Bundesleiterin der Landjugend Österreich und von 2007 bis 2012 Bundesobfrau der österreichischen Jungbauernschaft.

Aus dem Organigramm der Landjugend ist ersichtlich, dass ein Referent aus Köstingers Ministerium im Bundesvorstand der Landjugend Österreich vertreten sein muss – ebenso wie zwei Vertreter aus jeder Landesorganisation. In Tirol sind diese interessanterweise deckungsgleich mit der Jungbauernschaft.

Bei der Befragung Köstingers zeigte sich einmal mehr, dass die ÖVP-Minister während ihrer Amtszeit offenbar wenig bis gar nichts von Vorgängen aller Art in ihren Ressorts mitbekommen haben wollen. Die plötzlich auftretende und hartnäckige Amnesie unter den türkisen Ex-Spitzenpolitikern rund um den ehemaligen Kanzler Sebastian Kurz ist besorgniserregend. Köstinger behauptete allen Ernstes, dass sie in ihrer Zeit als Landwirtschaftsministerin und als ehemalige Bundesleiterin der Landjugend Österreich sowie Bundesobfrau der Österreichischen Jungbauernschaft keine Wahrnehmung zu den Vorgängen und Strukturen in eben diesen Organisationen habe. Ja, sie stritt sogar offen ab, dass es sich, wie im Fall der Tiroler Jungbauernschaft, um eine Vorfeldorganisation der ÖVP handle. (→ Parlament 14.7.2022/3) Dabei ist die Tiroler Jungbauernschaft/Landjugend laut eigener Funktionärsbroschüre die Jugendsektion des Tiroler Bauernbunds. Der Tiroler Bauernbund wiederum ist eine Teilorganisation des Bauernbundes, der selbst wiederum eine von sechs Teilorganisationen der ÖVP ist.

Das ist deshalb wichtig, weil unter Köstingers Ägide nicht nur der steirische Bauernbundball 2019 aus ihrem Ressort mit einer mutmaßlich rechtswidrigen Förderung von 43.200 Euro bedacht wurde, sondern weil auch allein von der Tiroler Jungbauernschaft ganze 853.000 Euro an Corona-Förderungen aus dem NPO-Fonds abgegriffen wurden. Das Geld ging also im Ergebnis an die ÖVP, denn als Teilorganisation des Bauernbunds ergeben sich für die Jungbauernschaft sämtliche Konsequenzen des Parteienspendengesetzes, worauf auch der

Rechnungshof im Zusammenhang mit dubiosen Geldflüssen an die ÖVP hinwies.

Auch aus einem der FPÖ-Fraktion zugespielten internen Besprechungspapier geht hervor, dass der ÖVP-Nationalratsabgeordnete und Rechtsanwalt Klaus Fürlinger schon am 8. Juli 2020 die Rechtsansicht vertrat, dass die Jungbauernschaft als ÖVP-nahe Organisation angesehen werden müsse, weil ihre Mitglieder automatisch Bauernbund- und damit ÖVP-Mitglieder werden. Dazu kommt noch, dass die Landjugend Österreich ausgerechnet an diesem Tag ein Schreiben aussendete, mit dem sie die ÖVP-nahen Vereine zur Beantragung von NPO-Förderungen ermutigte.

Daraus zeichnet sich das Bild eines wahrscheinlichen Vorsatzes, der diesem konzertierten Abgreifen von Corona-Hilfsgeldern zugrunde gelegen sein dürfte. Diese Rechtsansicht konnte im Ausschuss leider nicht geklärt werden. Nichtsdestotrotz wollte der U-Ausschuss vom Tiroler ÖVP-Landesgeschäftsführer Martin Malaun wissen, wie es zur Beantragung kam, wer dabei involviert war, ob die Förderungen in irgendeiner Weise der ÖVP zugutekamen und welche Rolle die ÖVP selbst dabei spielte. Dies stellte sich als schier unmöglich dar. Schon tags zuvor kündigte der ÖVP-Abgeordnete Christian Stocker an, dass man „jede einzelne Frage bekämpfen" werde. Und so kam es auch: Mit über 47 Geschäftsordnungsmeldungen und drei „Stehungen" zu Beginn störte die ÖVP den Befragungsfluss der Abgeordneten und torpedierte somit die Aufklärung im Ausschuss.

Aber auch die Auskunftsperson selbst war wenig an einer Aufklärung interessiert. Malaun stellte selbst gegenüber der Verfahrensrichterin über 20-mal das Ansuchen, die Fragen der Abgeordneten auf ihre Zulässigkeit zu prüfen. Ebenso war die Befragung von unzähligen Wahrnehmungs- und Erinnerungslücken geprägt. Auf die Fragen der FPÖ-Abgeordneten Susanne Fürst rund um die NPO-Förderung und auch in Bezug auf die Spenden der berüchtigten Tiroler „Adlerrunde“ an die ÖVP, beteuerte Malaun, er habe davon aus den Medien erfahren und somit keine Wahrnehmungen dazu. (→ Parlament 19.10.2022, S. 20, 32)

Zum Abkassieren erfunden? Der doppelte Seniorenbund

Noch dreister als das Verwirrspiel rund um Bauernbund, Jungbauernschaft und Landjugend in Tirol war das Spiel, das die ÖVP-Senioren spielten, um an millionenschwere Förderungen aus den „Koste es, was es wolle“-Töpfen des Corona-Regimes zu kommen. Dass Parteiorganisationen von diesen Förderungen an sich ausgeschlossen waren, focht die bundesweit von Ingrid Korosec angeführte Teilorganisation zunächst nicht an. Man holte sich das Geld einfach über andere Vereine, die zwar dieselben Namen trugen wie die regionalen Gliederungen des ÖVP-Seniorenbunds, offiziell aber als gemeinnützig und nicht als parteigebunden auftraten. Es waren freilich dieselben Personen, die in beiden Vereinen schalteten und walteten.

Der Unabhängige Parteien-Transparenz-Senat (UPTS) machte im Februar 2023 den findigen Förderwerbern einen Strich durch die Rechnung, anerkannte die Trennung zwar formal, erachtete sie aber zugleich als faktisch bedeutungslos und wertete den Seniorenbund somit als das, was er in den Augen aller Beteiligten zweifellos ist, nämlich als ÖVP-Organisation. Dieser Einschätzung schloss sich auch das Vizekanzleramt an, das den Topf verwaltete, aus dem sich die Landesorganisationen aus Oberösterreich, Tirol, Vorarlberg und Kärnten sowie 290 Bezirksorganisationen insgesamt fast 2,5 Millionen Euro auszahlen hatten lassen. (→ Kleine Zeitung 17.2.2023)

Während man sich zunächst uneinsichtig gab, folgte im Mai 2023 die Meldung, der oberösterreichische Seniorenbund – mit 1,9 Millionen Euro größter Profiteur – habe die zu Unrecht bezogenen Förderungen zurückgezahlt. Allerdings nur „unter Vorbehalt“, wie es Landesobmann und Ex-Landeshauptmann Josef Pühringer ausrichten ließ, weil noch eine Beschwerde beim Bundesverwaltungsgericht anhängig sei. (→ OÖ Nachrichten 17.5.2023)

Schon die parallele Konstruktion von Parteiorganisation und gemeinnützigen Vereinen macht die dahinterstehende Absicht deutlich sichtbar. Man will die Vorteile aus beiden Welten abgreifen. Dass die ÖVP-Granden bis heute jede Einsicht vermissen lassen, zeigt deutlich, wie tief sich die strukturelle Korruption bereits in die Volkspartei hineingefressen hat.

Kaputte Masken für viel Steuergeld

Die ehemalige türkise Wirtschaftsministerin Margarete Schramböck wurde in ihrer Befragung mit der „Causa Oberalp AG“ konfrontiert. Im März 2020 – also in den ersten Tagen der Corona-Pandemie – wurde von der Bundesregierung entschieden, dass das Bundesministerium für Digitalisierung und Wirtschaftsstandort die ÖRK (= Österreichisches Rotes Kreuz) Einkauf & Service GmbH (ÖRK E&S) mit der Beschaffung von medizinischer Schutzausrüstung für den Umgang mit Corona beauftragen soll. Laut WKStA wurde ein Vertrag zwischen der Republik Österreich und einer GmbH geschlossen, um Schutzmasken zu beschaffen. Diese Firma bestellte das Schutzmaterial wiederum bei einem anderen Unternehmen, der Oberalp AG. Die dann gelieferten Schutzmasken entsprachen aber überwiegend nicht den geforderten und vereinbarten Qualitätsstandards und waren vor allem nicht für den medizinischen Bereich einsetzbar. (→ Der Standard 25.1.2022)

Warum überhaupt das Wirtschaftsressort mit der Beschaffung beauftragt wurde und nicht etwa die Bundesbeschaffungsagentur, argumentierte Schramböck mit einer gesetzlich verankerten „wirtschaftlichen Landesverteidigung“. Die mangelnde Qualität der Masken konnte sie sich nicht erklären, das Wirtschaftsministerium habe jedenfalls Anzeige erstattet. (→ Parlament 19.10.2022/2, S. 37f.)

Sehr wohl erklären kann den Skandal der Südtiroler Investigativ-Journalist Christoph Franceschini, der über die „Causa Oberalp" ein ganzes Buch geschrieben hat. Der Deal wurde durchgezogen, obwohl es gleich zwei Gutachten gab, wonach die Masken nicht die erforderliche Qualität hatten. Das schon damals von Klaudia Tanner geführte Verteidigungsministerium soll eines dieser Gutachten bewusst zurückgehalten haben. Und Franceschini sagt im Interview mit dem „Standard" klipp und klar:

> *Aus den Ermittlungsakten geht hervor, dass die politische Entscheidung für den weiteren Einkauf aus Sicht von Oberalp aus dem österreichischen Kanzleramt gekommen sei. (→ Der Standard 19.9.2023)*

Was die Ermittlungsakten, die sich auf abgehörte Telefongespräche stützen noch besagen: Niemandem ging es damals um die Gesundheit der Bevölkerung. Franceschini bringt es auf den Punkt:

> *Man hat mit dem Leben der Menschen gespielt, aber nur an die Dollars gedacht, die man verdienen kann. Das ist eine zynische, menschenverachtende Politik.*
> *(→ Der Standard 19.9.2023)*

Zur Erinnerung: Der damalige Bundeskanzler Sebastian Kurz, der nach den Recherchen und Ermittlungsergebnissen für den bewussten Kauf der defekten Masken zumindest politisch verantwortlich scheint, sagte mehr oder weniger zeitgleich am 30. März 2020 den berüchtigten Satz „Bald wird jeder von uns jemanden kennen, der an Corona gestorben ist"... (→ Kleine Zeitung 30.3.2020)

Wie Hofburg und Hausbank die Grünen an die Macht brachten

Der Untersuchungsausschuss hat sich, wie schon sein Name sagt, hauptsächlich mit den mutmaßlich korruptiven Machenschaften der ÖVP beschäftigt. Die Grünen haben im Rahmen ihrer Möglichkeiten als Koalitionspartner durchaus konstruktiv bei der Aufklärung mitgearbeitet. Dennoch lohnt es sich, ihre Rolle in der fraglichen Zeit zu beleuchten, denn auch hier tun sich spannende Zusammenhänge auf, die man so eigentlich nicht erwarten durfte.

Was für die türkise, „neue" ÖVP unter Sebastian Kurz die Stunde des größten Triumphes war, würden die Grünen wohl am liebsten aus ihrer noch relativ jungen Parteigeschichte tilgen. Bei der Nationalratswahl 2017 flog die Öko-Partei unter Spitzenkandidatin Ulrike Lunacek und Parteichefin Ingrid Felipe aus dem Nationalrat, weil sie mit nur 3,8 Prozent Wählerzuspruch an der Vier-Prozent-Hürde scheiterte. Doppelt erniedrigend: Der von den Grünen abgespaltete Liste ihres langjährigen Abgeordneten Peter Pilz schaffte es knapp und löste die Grünen im Parlament ab.

Abflug aus dem Parlament mit Millionen-Schulden

Neben dem politischen Fiasko ergab sich daraus für die Grünen zunächst ein veritables finanzielles Problem, denn man hatte zuletzt hauptsächlich auf Pump gelebt. Im Oktober 2017 berichteten die Medien über die Notwendigkeit eines Sanierungsplans wegen aushaftender Kredite im Ausmaß von rund fünf Millionen Euro:

Laut dem grünen Bundesgeschäftsführer Robert Luschnik sind die Gespräche zur finanziellen Sanierung der Partei im Laufen. Man versuche bis kommende Woche eine Lösung zustande zu bringen, sagte er zur APA. Es gebe interne Gespräche mit den Landesorganisationen, aber auch mit dem Kreditgeber Erste Bank, um einen gemeinsamen Weg zu finden. Details wollte Luschnik nicht nennen, man arbeite jedenfalls sehr intensiv an der Sanierung.
(→ Der Standard 27.10.2017)

Eine Insolvenz stand jedenfalls nicht im Raum – wohl auch wegen der überaus konstruktiven Zusammenarbeit zwischen der Partei und ihrer Hausbank, die über eine normale Kundenbeziehung im Bankensektor weit hinausging.

Erste Bank als Auffanglager für grüne Top-Mitarbeiter

Denn die an sich im ÖVP-Umfeld zu verortende Erste Bank hatte schon zu Beginn des Jahres 2017 begonnen, wichtige Mitarbeiter der Grünen bei sich aufzunehmen, gewissermaßen „zwischenzuparken". Stefan Wallner, bis dahin Bundesgeschäftsführer der Grünen, wechselte im Jänner 2017 in den Finanzkonzern. Die Bank betonte in der anlässlich dieses Wechsels veröffentlichten Pressemitteilung ihre Rolle als „Vorreiter bei der Entwicklung von Ideen, Initiativen und konkreten Projekten gemeinsam mit der Zivilgesellschaft". CEO Andreas Treichl ließ verlauten:

Mit Stefan Wallner holen wir einen langjährigen Wegbegleiter und Impulsgeber an Bord. Wallner hat mehrfach gezeigt, dass er Organisationen in herausfordernden Zeiten erfolgreich an die neuen gesellschaftlichen Herausforderungen anpassen und modernisieren kann. Mit diesen Stärken wird er künftig unsere Arbeit mit der Zivilgesellschaft ausbauen und intensivieren und auch die Veränderung der Erste Group maßgeblich vorantreiben. (→ Erste Group 25.1.2017)

Als Wallner von der sozialistisch durchdrungenen Öko-Partei ins Flaggschiff des heimischen Finanz-Kapitalismus wechselte, waren die vorgezogenen Nationalratswahlen 2017 noch nicht fixiert, angesichts des Dauerstreits zwischen der Kern-SPÖ und der Mitterlehner-ÖVP aber zumindest absehbar. Der zweite grüne Top-Mitarbeiter allerdings verließ das Schiff, als es tatsächlich bereits im Sinken begriffen war. Am 25. August 2017 gab die Erste Group bekannt, dass Martin Radjaby-Rasset „ab 18. September 2017 die Verantwortung für die strategische Marketingsteuerung und das Marketing in der Erste Group übernehmen" werde. Radjaby-Rassets Arbeitgeber waren davor nicht die Grünen, sondern die Werbeagentur Jung von Matt/Donau, die allerdings für die gerade laufende Wahlkampagne verantwortlich zeichnete. Nicht umsonst bezeichnete der „Standard" Radjaby anlässlich seines Wechsels zur Bank als „obersten Werber" der Grünen, die sich zur Schadensbegrenzung veranlasst sahen zu betonen, dass die Kampagne ohnehin „längst fertig" sei. (→ Der Standard 25.8.2017)

Ein Jahr davor trug Radjaby-Rasset – ebenfalls aus seiner Funktion als Co-Geschäftsführer bei Jung von Matt heraus – die Verantwortung für den Wahlkampf Alexander Van der Bellens um das Amt des Bundespräsidenten, der in einem wahren Krimi endete. Trotz „Nachspielzeit" wegen erfolgreicher Wahlanfechtung durch die FPÖ endete die Wahl mit einem knappen Sieg des System-Kandidaten Van der Bellen über den freiheitlichen Herausforderer Norbert Hofer. Das Video der 89-jährigen Gertrude (Pressburger), die die FPÖ und Norbert Hofer völlig unverhohlen ins Nazi-Eck stellte, war der wohl schmutzigste Trick dieses Wahlkampfs. Radjaby-Rasset und seine Agentur ließen sich für diese „Arbeit" – gemeint ist das Video – auch noch mit einem Werbepreis samt Laudatio des frischgebackenen Bundespräsidenten feiern. Dabei hieß es zunächst – und ist bis heute auf Van der Bellens Facebook-Seite einsehbar – Gertrude habe „uns ersucht, dieses Video-Statement zu veröffentlichen". (→ Van der Bellen 24.11.2016)

Der schmutzige Sieg des Systemkandidaten Van der Bellen und seine Inthronisierung als Staatsoberhaupt bildeten die wohl wichtigste Vorentscheidung für die Rückkehr der Grünen auf die politische Bühne. Die Erste Bank lieferte dazu weiterhin ihre Beiträge. Schon bald nach der verlorenen Wahl kam ein dritter Grüner in der Bank unter, der noch eine besonders wichtige Rolle spielen sollte. 2018 wechselte Joseph Mussil zur Erste Bank. Auch er war, wie seine beiden Kollegen Radjaby und Wallner, maßgeblich in Van der Bellens Bundespräsidentschafts-Kampagne 2016 involviert.

„Die Bombe platzt" – VdB-Vertrauter sah vorab das Ibiza-Video

Joseph Mussil spielte 2019 eine Schlüsselrolle im Vorfeld der Veröffentlichung des sogenannten „Ibiza-Videos", das Kanzler Kurz und Präsident Van der Bellen zum Anlass nahmen, die türkis-blaue Regierung zu beenden. Und das kam so: Im Mai 2019 wandte sich der Drahtzieher des Videos, Julian Hessenthaler, über eine gemeinsame Freundin an Mussil, um auch ihm das geheim aufgezeichnete Material von der Ferieninsel vorzuspielen. Mussil behauptete, die Vermittlerin sei eine „Kindergartenfreundin" gewesen. Der Grüne Bank-Mitarbeiter empfahl Hessenthaler daraufhin, sich an den Bundespräsidenten zu wenden, was dieser auch in einem Mail am 16. Mai 2019 tat. (→ Der Standard 29.1.2021)

Laut Van der Bellens Kalendereintrag kam es nur wenige Stunden später zu einer Besprechung mit seinem Berater Lothar Lockl und dem Erste-Bank-Mitarbeiter Martin Radjaby-Rasset – Thema war mutmaßlich das, was die Öffentlichkeit erst einen Tag später zu sehen bekam. Es ist kaum glaubwürdig, dass Mussil nicht auch seinen Bank-Kollegen Radjaby von seinem merkwürdigen Termin unterrichtete. Zur Stunde der Veröffentlichung am 17. Mai zierte Van der Bellens Kalender übrigens der Eintrag „Die Bombe platzt“. (→ Freiheitlicher Parlamentsklub 17.9.2021, S. 121ff.)

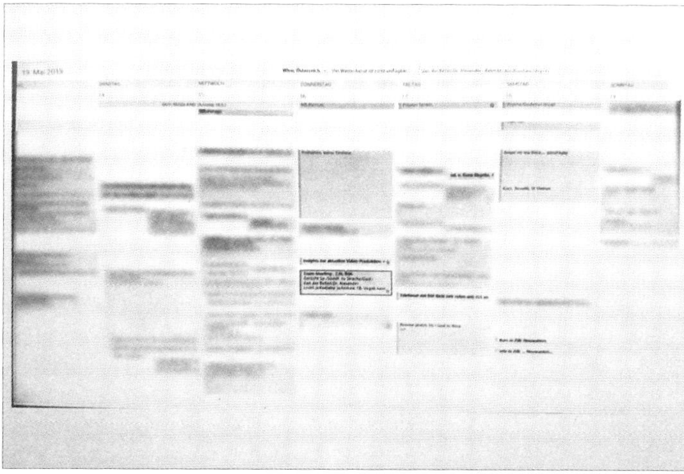

In Van der Bellens Kalender war schon am Tag vor der Video-Veröffentlichung ein Team-Meeting über das entsprechende „Gerücht“ eingetragen. Mit dabei auch der damalige Erste-Bank-Mitarbeiter Martin Radjaby-Rasset.

Die Vermittlerin zwischen Hessenthaler und Mussil war eine frühere Freundin des Ibiza-Drahtziehers. Sie arbeitet seit 2018 in einem Bereich, der sich mittlerweile im Einflussbereich der Grünen befindet, nämlich in der „Sozialversicherungs-Chipkarten Betriebs- und Errichtungsgesellschaft m.b.H. – SVC“. Dort machte sie im Juli 2020 einen beträchtlichen Karrieresprung. Sicherlich nur ein Zufall, dass drei Monate davor ihr „Kindergartenfreund“ Mussil von der Bank in die Politik zurückgekehrt war – und zwar ins Kabinett des Grünen Bundesministers Werner Kogler. (→ BMKÖS)

Über die Erste Bank wurden also Personen in Lohn und Brot gehalten, die Van der Bellen zum Bundespräsidenten gemacht hatten und später eine wichtige Rolle bei der Beendigung der den Grünen besonders verhassten türkis-blauen Koalition spielten.

Der Staatsstreich aus der Hofburg

Die Veröffentlichung des Ibiza-Videos am 17. Mai 2019 war für die Grünen ein wichtiger Schritt, aber noch lange nicht das Ziel. Zunächst galt es dafür zu sorgen, dass „Ibiza“ auch das Ende der türkis-blauen Regierung bedeutet. Danach sah es zunächst gar nicht aus, hatten sich doch die beiden Regierungsparteien auf eine Fortführung der Koalition geeinigt – mit Norbert Hofer als neuem Vizekanzler nach dem unvermeidlichen Rücktritt von Heinz-Christian Strache.

Was am 18. Mai 2019 genau dazu führte, dass Sebastian Kurz von diesem Plan abwich, ist bis heute nicht ganz klar. Bekanntlich stellte die ÖVP im Laufe des Tages eine weitere Bedingung an die Freiheitlichen, nämlich dass Herbert Kickl das Innenministerium verlassen müsse. Dafür gab es keinerlei sachliche Rechtfertigung und folglich erbitterten Widerstand aus der FPÖ.

Während sich die Truppe um Sebastian Kurz im Laufe dieses Tages immer mehr vom freiheitlichen Regierungspartner entfremdete, dürfte zwischen dem türkisen Kanzleramt und der grünen Hofburg ein regelrechter Paarlauf stattgefunden haben, der in unmittelbar aufeinander folgenden Auftritten von Kanzler und Präsident zur besten Fernsehzeit mündete.

Sebastian Kurz ging voran:

> *Nach dem gestrigen Video muss ich ganz ehrlich sagen: Genug ist genug. (→Kurz 18.5.2019)*

Und Alexander Van der Bellen legte nach:

> *Es sind beschämende Bilder und niemand soll sich für Österreich schämen müssen. Ich möchte in aller Deutlichkeit sagen: So sind wir nicht! (→ Van der Bellen 18.5.2019)*

Doch auch mit dem nun offiziell verkündeten Ende der türkis-blauen Regierung war das wichtigste Ziel der Zweckgemeinschaft zwischen Grünen und Erste Bank noch nicht erreicht. Zwar war eine Neuwahl nun unausweichlich – doch würden die Grünen davon in ausreichendem Maße profitieren können? Es scheint fast so, als hätten der Bundespräsident und seine Berater daran erhebliche Zweifel gehabt.

Denn was nun folgte, lässt sich selbst in Kenntnis der Person Alexander Van der Bellen schwerlich als politischer Dilettantismus erklären. Vielmehr schien die Dramaturgie einem perfiden Plan zu folgen, den der Präsident und seine Berater – möglicherweise im Zusammenwirken mit der Kurz-Truppe – ausgeheckt hatten.

Kurz hatte in seinem Statement am 18. Mai auch Neuwahlen angekündigt, schien es damit aber nicht besonders eilig zu haben. Zunächst baute er die Regierung um und ersetzte sämtliche FPÖ-Minister durch angebliche „Experten" – in Wahrheit der ÖVP treu ergebene Diener. Van der Bellen gelobte diese Truppe widerspruchslos an, obwohl sie – wie sich nur wenige Tage später zeigen sollte – über keine Mehrheit im Parlament verfügte. Die Namen jener Personen, die sich kaum länger als eine Woche im Amt halten konnten, sind längst vergessen. Sie heißen Eckart Ratz (Innenminister), Johann Luif (Verteidigungsminister), Walter Pöltner (Sozialminister) und Valerie Hackl (Verkehrsministerin). Die heute so gescholtene Außenministerin Karin Kneissl beließ Sebastian Kurz übrigens im Amt, obwohl sie von der FPÖ nominiert worden war. Kein Wunder, ist sie doch quasi ein „Kuckucksei", das Kurz ins blaue Nest gelegt hatte, wie Kneissl bei ihrer Befragung im Ibiza-Untersuchungsausschuss offenherzig zugab:

> *Ich wurde im Sommer 2017 von Sebastian Kurz – damals noch Außenminister – gefragt, ob ich auf seiner Liste mitwirken möchte. Es ging damals auch um das Amt des außenpolitischen Sprechers, mit Aussicht auf noch andere Funktionen. (→ Parlament 24.6.2021/2)*

Am 22. Mai vom Bundespräsidenten angelobt, durfte diese Regierung am 3. Juni bereits wieder den Hut nehmen, weil sie via Misstrauensantrag aus dem Nationalrat flog. Einer parlamentarischen Mehrheit für diese Truppe hatten sich nämlich offensichtlich weder der Kanzler noch der Präsident versichert. Nun sollte es eine reine Expertenregierung richten, die unter der Führung von Brigitte Bierlein stand.

Das merkwürdige Manöver hatte sowohl der Hofburg-Clique um Van der Bellen als auch der türkisen Truppe um Sebastian Kurz etwas gebracht, was beide dringend benötigten: Zeit. Vom 18. Mai bis zum 12. Juni 2019, an dem der Neuwahlantrag im Parlament beschlossen wurden, verging fast ein Monat durch das kurzweilige Spektakel zweier Regierungs wechsel. Somit war auch klar, dass die Wahl erst nach dem Sommer stattfinden würde können. Wahltag war schließlich der 29. September.

Sebastian Kurz mag sein Abflug aus der Regierung via Misstrauensantrag gar nicht so unangenehm gewesen sein. Er verstand es, sich im folgenden Wahlkampf als Märtyrer zu inszenieren, und hatte außerdem viel mehr Zeit, um intensiv auf Stimmenfang zu gehen, als wenn er nebenbei auch noch die Regierungsgeschäfte hätte führen müssen.

Wirklich essenziell war der Zeitgewinn aber für die Grünen. Die außerparlamentarische Chaostruppe wäre nie und nimmer „auf Knopfdruck" kampagnenfähig gewesen. Sie brauchte jeden Tag mehr wie einen Bissen Brot, um sich für diese Wahlschlacht aufzustellen. Zwar verantwortete der bis dahin weithin unbekannte Thimo Fiesel die Wahlkämpfe für das EU-Parlament und den Nationalrat. Es darf jedoch davon ausgegangen werden, dass die „Legionärstruppe" im Sold der Erste Bank rund um den Werbeprofi Radjaby-Rasset kräftig mithalf. Das Ergebnis ist bekannt: Die Grünen feierten mit 13,9 Prozent ein fulminantes Comeback im Nationalrat. Bei der EU-Wahl hatten sie zuvor sogar knapp über 14 Prozent auf sich vereinen können. Und Sebastian Kurz zögerte nicht, den maximal möglichen Sprung bei der Partnerwahl zu machen. Er ersetzte die FPÖ durch die Grünen und verschrieb sich mit Haut und Haaren der Klimahysterie.

Apropos Sold: Obwohl die größte Bank der Republik sicher nicht schlecht zahlt, konnte sie das grüne Personal nach der Wahl nicht mehr lange halten. Stefan Wallner kehrte sofort nach dem Regierungseintritt seiner Partei in die Politik zurück und wurde Generalsekretär des grünen Sozial- und Gesundheitsministers Rudolf Anschober. (→ Kurier 17.2.2020) Joseph Mussil landete, wie schon erwähnt, bald im Vizekanzleramt bei Werner Kogler. Und auch „Mastermind" Martin Radjaby-Rasset kehrte der Bank den Rücken. Er ging allerdings nicht in die Politik, sondern machte sich selbständig. (→ Der Standard, 2.2.2021)

Die Mission war also in jeder Hinsicht erfüllt. Der grüne Bundespräsident thronte endlich über einer grünen Bundesregierung. Die Erste Bank hatte nicht nur die Bonität ihres Schuldners massiv verbessert, sondern auch das übernommene „Leihpersonal" wieder rücküberstellt. Das perfekte Zusammenspiel von Hofburg und Hausbank hat die Öko-Partei zurück ins Parlament und sogar in die Regierung „gepusht" – manche würden vielleicht sogar sagen: „geputscht".

Treichl spielte im CASAG-Poker auf tschechischer Seite

Während die Motivation Alexander Van der Bellens als ehemaliger Parteichef der Grünen auf der Hand liegt, bleibt die Frage: Welches Interesse könnten die Erste Bank und ihr Chef Andreas Treichl – außer den Krediten, die in der Milliardenbilanz der Bank kaum eine Rolle spielten – gehabt haben?

Bemerkenswert ist jedenfalls, dass Treichl in der damals tobenden Schlacht zwischen den Glücksspielkonzernen „Novomatic" und „Sazka" um die Vormachtstellung bei den Casinos Austria auf der Seite der Tschechen stand. Er war gemeinsam mit dem Chef der Vienna Insurance Group (VIG), Günther Geyer, mitverantwortlich für den wachsenden Einfluss der Tschechen, indem er als stellvertretender Aufsichtsratsvorsitzender den Verkauf von Anteilen der DONAU-Versicherung an einer in dem Machtkampf relevanten Gesellschaft nach Tschechien befürwortete. Wie der „Trend" 2015 berichtete, gab es dafür handfeste wirtschaftliche Gründe:

> *Nicht nur weil mehr Geld auf den Tisch gelegt wurde, sollen Geyer und Treichl für die Tschechen und gegen Novomatic votiert haben. Die Aussicht auf Geschäfte mit den Indust riefirmen von Komarek & Co war spielentscheidend. Den Osttöchtern Kooperativa (VIG) und Èeská Spořitelna (Erste) winken Aufträge im Sachversicherungs- und Großkreditbereich. (→ Trend 38/2015)*

Das Ende der türkis-blauen Regierung sollte sich für Treichl daher jedenfalls ausgezahlt haben. Novomatic zog sich – auch als Folge der überbordenden negativen Medienberichterstattung im Zuge der CASAG-Affäre – aus dem teilstaatlichen rot-weiß-roten Glücksspielkonzern zurück. Schwarz-Grün opferte die bisher politisch vertretene Doktrin einer österreichischen Mehrheit im heimischen Glücksspielkonzern. Somit war der Weg frei für Sazka, die nun mehr als 55 Prozent der

CASAG-Anteile hält und den Staat, der über die ÖBAG nach wie vor mit einem Drittel beteiligt ist, nach Belieben dominiert. Durchaus ein Anlass für Dankbarkeit der Tschechen gegenüber ihren ursprünglichen Steigbügelhaltern in der Ersten Bank und der Vienna Insurance Group.

Treichl als Grünen-Fan und „Bilderberger"

Ob neben dem Geschäft auch die politische Einstellung eine Rolle spielte, weiß wohl nur der damalige Vorstandsvorsitzende der Erste Group, Andreas Treichl, selbst. Doch es spricht einiges dafür. 2016 hatte er sich im Rennen um die Hofburg noch bedeckt gehalten. 2022 jedoch, als Van der Bellen für seine Wiederwahl als Bundespräsident warb, kam Unterstützung des mittlerweile aus Altersgründen aus dem Vorstand ausgeschiedenen Bankiers. Mit Blick auf den ihm ebenfalls sympathischen Links-Kandidaten Marco Pogo sagte Treichl:

> *Der einzige Kandidat, der beides ist, ein erfahrener Politiker und ein cooler Typ, ist Alexander Van der Bellen.*
> *(→ Die Presse 23.8.2022)*

Möglicherweise hat die Anbiederung der Erste Bank an die Grünen also auch persönliche Gründe, die sich aus politischen Vorlieben ergeben. Zwar ist Treichl ein ÖVP-Urgestein und war von 1991 bis 1997 Finanzreferent im Bundesparteivorstand. Zwar ist er Nachfolger von Franz Fischler als Obmann des ÖVP-dominierten „Forum Alpbach". Doch seine Sympathien für die Grünen zeigte der Bankier schon früh. Das Magazin „NEWS" wusste 2014 zum Ausgang der EU-Wahl folgendes zu berichten:

> *Für Erste-Chef Andreas Treichl war der Wahlausgang in Österreich ein Signal, dass man trotz eines relativ trockenen Wahlkampfs und „lehrerhafter" Auftrittsweise Erfolg haben könne. Das freue ihn für Othmar Karas (ÖVP), der anders*

sei als viele andere Politiker, hohen Respekt in Brüssel genieße und der „für seine Arbeit gewählt" worden sei. Ansonsten fand Treichl das Wahlergebnis in Österreich nicht besonders aufregend. Außer dass die Grünen ihr bestes Ergebnis brachten. Das finde er toll, und er würde sich mehr „Van der Bellens" bei den Grünen wünschen. (→ NEWS 27.5.2014)

Seine durch und durch systemtreue Gesinnung offenbarte Treichl auch durch die Teilnahme an dem berüchtigten Bilderberg-Treffen im Jahr 2022 in Washington, von dem er gemeinsam mit NEOS-Obfrau Beate Meinl-Reisinger nach Österreich zurückflog. (→ Unzensuriert 15.6.2022) Dass die von Organisationen wie den „Bilderbergern" beförderte globalistische Agenda mittlerweile von allen Parteien im Parlament – mit Ausnahme der FPÖ – kritiklos vertreten wird, mag ein weiterer Grund dafür gewesen sein, gegen die Freiheitlichen in der Regierung zu arbeiten.

Tatsache ist jedenfalls, dass sich die über eine normale Geschäftsbeziehung weit hinausgehende Zusammenarbeit zwischen der Erste Bank und den Grünen für beide Seiten durchaus fruchtbringend entwickelte. Tatsache ist auch, dass die besorgniserregenden Umstände dieser Kooperation in den Mainstream-Medien niemanden interessieren. Während es eine Reihe von höchst engagierten linken Investigativ-Journalisten in den Redaktionen von beispielsweise „Falter", „Standard" oder „Profil" gibt, die dem „System Kurz" – zu Recht! – zu Leibe rücken, interessiert sich für ähnliche Vorgänge in der Sphäre der Grünen praktisch niemand – ebenso wenig für den Postenschacher, den die kleine Regierungspartei seit Anfang 2020 in ihren Einflusssphären völlig offen betreibt.

Jedenfalls dürfte die gute Kooperation zwischen Grünen und Erste Bank auch das 2017 drängende Schuldenproblem der plötzlich außerparlamentarischen Oppositionspartei gelöst haben. Möglicherweise kehrt es aber nach der Nationalratswahl 2024 zurück…

Projekt Ballhausplatz – Wird gerade Teil 2 gedreht?

Gegen Ende des Buches sei noch einmal der Weg nachgezeichnet, der Sebastian Kurz ins Kanzleramt und seine Clique innerhalb der ÖVP an die beinahe uneingeschränkte Macht in der Republik führte: das berüchtigte „Projekt Ballhausplatz". Dieser Rückblick ist auch deshalb wichtig, weil die damaligen Vorgänge in den letzten Monaten neue Aktualität gewonnen haben. Viele fragen sich nämlich, ob gerade die Fortsetzung dieses Thrillers gedreht wird – ob es also Sebastian Kurz noch einmal wissen will. Jüngste Ereignisse wie sein „Staatsbesuch" beim ungarischen Premierminister Viktor Orbán (→ OÖ Nachrichten 21.8.2023) oder die mediale Inszenierung um den seiner Politik und Person durchaus positiv begegnenden Kinofilm „Kurz" (→ ORF.at 6.9.2023) legen entsprechende Spekulationen durchaus nahe.

Beim „Projekt Ballhausplatz" handelt es sich um ein von langer Hand geplantes Vorhaben der Machtübernahme innerhalb der Volkspartei durch Sebastian Kurz und seine Weggefährten. Verschriftlicht in geheimen Dokumenten, die einem Hollywood-Drehbuch gleichen und in denen jeder Schritt in Richtung Kanzleramt bis ins kleinste Detail minutiös geplant wurde. Man bereitete sich auf den „Tag X" vor, plante die ersten Wochen und Monate danach bis hin zum Parteitag, der gleichzeitig Wahlkampfauftakt sein sollte. An nahezu alles dachte Sebastian Kurz in seinem Drehbuch für den Weg zur Macht bis 14. Mai 2017 und danach. Sogar inszenierte „Spontan-Demonstrationen" für Kurz wollten seine Jünger organisieren, sollten die Pläne von der „alten ÖVP" doch noch durchkreuzt werden, was bekanntlich nicht geschah. (→ Falter 19.9.2017)

Das „Projekt Ballhausplatz“ galt einerseits der Beseitigung des immer unbeliebter werdenden ÖVP-Vizekanzlers Reinhold Mitterlehner und andererseits der Verhinderung einer FPÖ auf Platz eins bei den anstehenden Nationalratswahlen. Eingefädelt und auf Schiene gebracht wurde es vermutlich vom Vorgänger Mitterlehners, dem ebenso erfolglosen Vizekanzler Michael Spindelegger, der als Förderer von Kurz‘ politischem Aufstieg gilt. Um das Jahr 2016 und bereits davor legte man den Grundstein für dieses Vorhaben, indem man Geld und andere Ressourcen aus ÖVP-geführten Ministerien zweckentfremdete und mit dubiosen Absprachen, Versprechungen und sogar Intrigen arbeitete, um dem Projekt zum Erfolg zu verhelfen.

Die türkise ÖVP griff völlig enthemmt auf die drei Säulen des „tiefen schwarzen Staates“ (Innenministerium, Finanzministerium, Justizministerium) zu, um Kurz und seine Getreuen an die Schaltstellen der Republik zu hieven. Doch woher genau kam das Geld dafür? Lässt es sich nachverfolgen?

Ein „Sideletter“ als erster Plan zur Machtübernahme

Ein dem freiheitlichen U-Ausschuss-Team anonym zugespielter Sideletter, also eine schriftliche Nebenabsprache, vom April 2015 dokumentiert einen dubiosen Deal zwischen dem damaligen ÖVP-Finanzminister Hans Jörg Schelling und Sebastian Kurz in dessen Zeit als Außenminister. Für unsere Arbeit im U-Ausschuss war dieses Dokument eines der zentralen Puzzlestücke, um das Projekt Ballhausplatz zu verstehen. In dem Sideletter wurde vereinbart, dass es für den Zeitraum 2016 bis 2019 zu einer Entnahme von Entwicklungshilfegeldern des Außenministeriums kommen solle, die im Finanzministerium „geparkt“ waren – an sich kein ungewöhnlicher Vorgang. Das BMF stimmte der Auflösung von Rücklagen in der Höhe von 16,6 Millionen Euro zu und schüttete noch zusätzliche fünf Millionen Euro an das von Kurz geführte Außenministerium aus. Mit welcher Begründung, ist nicht dokumentiert.

Side Letter

des Bundesministers für Finanzen mit dem Bundesminister für Europa, Integration und Äußeres

1. Es besteht Übereinstimmung, dass das Niveau der EZA-Mittel für den Zeitraum 2016-2019 auf dem Niveau 2014 gehalten werden soll. Dafür sollen die erforderlichen Mittel idH von jeweils 16,6 Millionen Euro aus Rücklagen entnommen werden, wobei 5 Millionen Euro seitens des BMF zusätzlich zur Verfügung gestellt werden.

2. Es besteht Übereinstimmung, dass für die Bedeckung des budgetären Mehraufwands aufgrund der negativen Wechselkursentwicklung gemeinsam eine Lösung entwickelt wird.

Wien, am 21. April 2015

Dr. Hans Jörg Schelling

Sebastian Kurz

Hinter dem Rücken des damaligen ÖVP-Obmanns und Vizekanzlers Reinhold Mitterlehner schob Finanzminister Schelling dem aufstrebenden Außenminister Kurz mehr Geld ins Budget.

Wir folgten also der Spur dieses Geldes. Und wie es der Zufall will, tauchte es zwei Jahre später an anderer Stelle im Außenministerium wieder auf. Denn im Jahr 2017, als das „Projekt Ballhausplatz" so richtig in Fahrt kam, gab das BMEIA um genau fünf Millionen Euro mehr als im Vorjahr für nicht näher definierte „Werkleistungen" aus. In einem „Standard"-Artikel von Juni 2021 hieß es dazu:

> *Zu hinterfragen gelte es aber jene kleineren Posten, bei denen ein Ressortchef Spielraum habe: So hat das Außenministerium für „Werkleistungen" – diverse Aufträge – 2017 um fünf Millionen mehr veranschlagt als im Jahr davor.*
> *(→ Der Standard 10.6.2021)*

Die Vermutung liegt nahe, dass diese fünf Millionen Euro zur Selbstinszenierung und weiteren Popularitätssteigerung von Sebastian Kurz eingesetzt wurden – etwa durch Umfragen, Inserate, Studien, Beauftragungen befreundeter PR-Agenturen usw. Verdächtig sind zudem gleich mehrere Umstände:

- Am Datum der Unterzeichnung des Sideletters, dem 15. April 2015, fand ein Ministerrat statt. Schelling war, wie aus mehreren, dem U-Ausschuss vorliegenden Korrespondenzen ersichtlich wurde, im „Team Kurz". Auf besagtem Sideletter fehlte jedoch die Unterschrift des damaligen Vizekanzlers und ÖVP-Chefs Reinhold Mitterlehner. Er dürfte über diesen Vorgang somit nicht informiert gewesen sein, die mutmaßliche Geldbeschaffung fand also hinter seinem Rücken statt.
- Zur selben Zeit saßen in Kurz' Kabinett im Außenministerium bereits viele relevante Player des Projekt Ballhausplatz: Stefan Steiner, Gerald Fleischmann, Bernd Brünner und die Gattin des heutigen Bundeskanzlers, Katharina Nehammer, als Veranstaltungsmanagerin.
- Die damalige Generalsekretärin der ÖVP war überdies Elisabeth Köstinger, eine der engsten Vertrauten von Kurz.

- Auf Seiten des BMF befand sich „Chat-Man“ Thomas Schmid bereits auf dem Posten des Generalsekretärs. Schmids enger Vertrauter Dietmar Schuster war Referent für Budget. Johannes Frischmann, Kurz‘ späterer Pressesprecher, hatte diese Funktion im BMF inne. Es dürfte somit ein leichtes Spiel für die „türkise Partie“ gewesen sein, ohne große Aufmerksamkeit an die zusätzlichen fünf Millionen Euro zu gelangen.

„Kurz kann jetzt Geld scheissen“

Ein weiteres Indiz für die „Spur des Geldes“ und die Finanzierung des Projekt Ballhausplatz war eine vielsagende SMS von Thomas Schmid an Sebastian Kurz im April 2016:

> *Du hast eine Budget Steigerung von über 30%! Das haben wir NUR für dich gemacht. Über 160 Mio mehr! Und wird voll aufschlagen. Du schuldest mir was :-)))! LG t*
> *(→ Der Standard 9.6.2021)*

Auch dem damaligen ÖVP-Wien-Chef und Kurz-Intimus Gernot Blümel überbrachte Schmid die frohe Botschaft via SMS:

> *Ich habe Sebastians Budget um 35 Prozent erhöht. Scheisse mich jetzt an. Mitterlehner wird flippen.*
> *(→ Der Standard 9.6.2021)*

Und tatsächlich stieg der Budgetvoranschlag des Außenministeriums von 2016 auf 2017 deutlich an, nämlich von 428 Millionen Euro auf 552 Millionen Euro.

Kurz darauf dann die wohl bekannteste Chat-Nachricht Schmids (ebenfalls an Blümel), die es sogar in die Werbekampagne eines Möbel-Diskonters schaffte:

> *Kurz kann jetzt Geld scheissen. (→ Der Standard 9.6.2021)*

Es kann also relativ deutlich nachgezeichnet werden, wie Sebastian Kurz mit seiner „Partie“ ganze 13 Monate vor Mitterlehners Rücktritt als ÖVP-Parteichef und Vizekanzler Millionen an Steuergeld aus anderen Ressorts abzweigte, um seinen Weg zur Macht zu finanzieren. Doch dieses fast perfekte System einer Kreislaufwirtschaft zwischen den ÖVP-Ministerien (und auch den ÖVP-Vorfeld- und Teilorganisationen) war eben nur fast perfekt. Denn die größte Schwachstelle bildete „Chat-Man“ Thomas Schmid, der durch seine rege Kommunikation unfreiwillig alle „Grauslichkeiten“ der „Neuen ÖVP“ und ihres rücksichtslosen Aufstiegs in Echtzeit dokumentierte. Ein Nachlass, der noch für viel Aufsehen sorgen sollte.

Wie man die Republik in einen Selbstbedienungsladen verwandelt

Am Ziel der Wünsche, also im Kanzleramt, angelangt, bildeten Postenschacher und ganz besonders die gezielte Steuerung der Mainstream-Medien durch millionenschwere Regierungsinserate die Hauptbetätigungsfelder der „türkisen Partie“ rund um Ex-ÖVP-Kanzler Sebastian Kurz. Wie schon im Ibiza-Untersuchungsausschuss deutlich wurde, machte der Drang nach Selbstinszenierung als Mittel zur Macht vor niemandem in Österreich halt. Zuerst wurde die „alte Volkspartei“ von Kurz und Co. auf Linie gebracht, samt massiven Sonderrechten für den neuen Obmann, dann kamen die Institutionen der Republik und auch die schwarz geführten Bundesländer an die Reihe. Selbst die Vorfeld- und Teilorganisationen der ÖVP kamen zum Handkuss und mussten zwangsweise, natürlich aber nicht ganz uneigennützig, Ressourcen für den Machtrausch des jungen Anführers und seiner Clique bereitstellen.

Alles musste sich dem „System Kurz“ und seiner Alleinherrschaft unterwerfen. Die berüchtigte Message Control, orchestriert von dem mittlerweile wieder in Amt und Würden befindlichen Mediendompteur Gerald Fleischmann, war dafür die „Brechstange“. Und funktionierte das nicht, saß im Finanzministerium ja immer noch „Mastermind“ Thomas Schmid, der Zuckerbrot und Peitsche einsetzte, wenn jemand Wichtiger in der Republik der ÖVP dienlich sein sollte oder mit einem Anliegen vorstellig wurde.

Das mediale Interesse und die politische Brisanz rund um die Befragung des Ex-Kanzlers Sebastian Kurz vor dem U-Ausschuss am 28. September 2022 waren angesichts dieser Vorgeschichte immens. Ebenso die Erwartungen an die Ausführungen des einstigen türkisen Zampanos. Doch es sollte anders kommen.

Sebastian Kurz, das Zentrum des türkisen Systems

> *Ich kann das gerne knapp machen. Grüß Gott! Schönen guten Morgen! Ich bin bereit und darf um Ihre Fragen ersuchen. (→ Parlament 19.10.2022/3, S. 5)*

So lautete das Eingangsstatement des Ex-Kanzlers Kurz im Untersuchungsausschuss.

So weit kam es jedoch nicht. Denn die ÖVP-Fraktion war noch lange nicht bereit. Sogleich meldete sich ÖVP-Fraktionsführer Andreas Hanger zur Geschäftsbehandlung und appellierte an den Verfahrensrichter und den Vorsitzenden, auf die Bestimmungen der Geschäftsordnung zu achten. Dadurch war klar, wohin die Reise bei dieser Befragung gehen würde.

Mit unzähligen Geschäftsordnungsmeldungen, „Stehungen“, lähmenden Zwischenrufen durch die ÖVP sowie ausschweifenden Antworten und rhetorischen Tricks der Auskunftsperson wurde ersichtlich, dass Kurz absolut nichts zur Aufklärung beitragen wollte. Zwei Fraktionen kamen aufgrund dieser taktischen Spielchen der ÖVP und der überausgedehnten Antworten des Alt-Bundeskanzlers nicht einmal dazu, Ihre Fragen zu stellen.

Die Themenpalette war breit. Als zentrale Figur im türkisen System wären Kurz' Wahrnehmungen zum gesamten „Projekt Ballhausplatz" wesentlich gewesen. Leider konnte all das mit dem wichtigsten Protagonisten nicht geklärt, ja nicht einmal besprochen werden – und so wurden die Steuerzahler abermals hinters Licht geführt.

Was wurde aus Sebastian Kurz?

Der politische Abgang von Kurz kam für viele Beobachter nicht überraschend, aber doch etwas überstürzt. Fast so, als wollte er den Kopf noch rasch aus der Schlinge ziehen, bevor sie zu eng wird. Der politische Shootingstar und ehemals jüngste Bundeskanzler Österreichs erlebte jedenfalls noch vor Beginn des U-Ausschusses einen jähen Absturz.

Nach seinem vollständigen Rückzug aus der Politik – denn auch seine Funktionen in der ÖVP legte er noch im Dezember 2021 zurück – blieb Kurz aber bis heute umtriebig, vor allem in der politiknahen Privatwirtschaft. Dies führt bis heute zu hartnäckigen und nicht unbegründeten Vermutungen, Kurz könnte wie ein „Phönix aus der Asche" wieder auf die politische Bühne zurückkehren, besonders, wenn die laufenden Verfahren gegen ihn zu keiner Verurteilung führen sollten. Was spricht dafür?

Zunächst sein bereits Ende 2021 begonnenes Engagement beim US-Milliardär Peter Thiel, der als „Strippenzieher der Republikaner" gilt und beste Verbindungen in die transatlantische Hochpolitik pflegt – als Spender wie auch als Lobbyist. (→ Handelsblatt 27.12.2021) Thiel ist Mitbegründer des umstrittenen Datenanalyseunternehmens „Palantir", das seine Software gerne Geheimdiensten und der Polizei zur Verfügung stellt.

Nicht nur das: Auch im Ukraine-Krieg mischt Palantir an führender Stelle mit. Laut seinem CEO sei das Unternehmen „für den größten Teil des Targetings in der Ukraine verantwortlich“ – konkret etwa für die Ausrichtung von Panzern und Artillerie auf Seiten der Ukraine, der Palantir die Software unentgeltlich zur Verfügung stellte. Dabei soll auch Künstliche Intelligenz (KI) zum Einsatz kommen. (→ Golem.de 2.2.2023) Sogar Drohnen werden direkt über die KI gesteuert. (→ Kronen Zeitung 28.4.2023)

Kritisiert wird von Datenschützern, dass die Software rechtswidrig enorme Mengen an Datensätzen miteinander verbindet. Kurz ist nun als „Global Strategist“ bei Thiel tätig, den er laut Eigenaussage seither bei „geopolitischen Fragen, die bei Investmentfragen relevant sind“ unterstützt. Dafür reise er alle zwei Monate in die USA. Den Großteil seiner Zeit verbringt der Ex-Kanzler aber angeblich im Nahen Osten, genauer gesagt in Tel Aviv, Abu Dhabi oder Dubai. (→ Trend 15.4.2023)

Anfang 2022 machte sich Kurz mit der Firma „SK Management GmbH“ selbstständig. Kurz ist laut Firmenbuch Geschäftsführer und alleiniger Gesellschafter des im Bezirk Horn (NÖ) angesiedelten Unternehmens. Mit seiner Investment-Gesellschaft „AS2K“, die er gemeinsam mit Investor und ÖVP-Großspender Alexander Schütz betreibt, stieg Kurz im Oktober 2022 zudem bei der Pflegeplattform „HeldYn“ ein. Nach einem Engagement beim steirischen Start-Up „SkinScreener“ ist dies eine weitere Beteiligung im Gesundheits- und Pflegebereich. (→ Tiroler Tageszeitung 8.10.2022)

Kurz als Geheimnisträger im Spionage-Netzwerk

Wesentlich brisanter war allerdings die Gründung der Cyber-Sicherheitsfirma „Dream Security“ – ein Start-Up, das sich angeblich dem Schutz kritischer Infrastruktur widmet. Das

Unternehmen gründete er gemeinsam mit dem Israeli Shalev Hulio – Erfinder der umstrittenen Spionagesoftware „Pegasus", die weltweit von diversen Regierungen eingesetzt wurde, um Oppositionelle, Journalisten, Anwälte, Menschenrechtsaktivisten und auch Staatschefs auszuspionieren.
(→ Der Standard 12.10.2022)

Sebastian Kurz hat in seiner Zeit an den Schalthebeln der Politik ein enormes Wissen über hochsensible innenpolitische Vorgänge und Strukturen angehäuft, die strengen Geheimhaltungspflichten unterliegen. Dass er nun in Kontakt mit Personen aus dem direkten Umfeld der Spionagesoftware Pegasus sowie der „Datenkrake" Palantir steht, ist eine manifeste Gefahr für Österreich, dessen Tragweite hierzulande noch nicht einmal ansatzweise erfasst wurde. Denn niemand weiß, ob und welche Staatsgeheimnisse Kurz aus seiner Zeit als Kanzler weitergeben und gezielt einsetzen könnte bzw. welche der in seiner Amtszeit entstandenen Kontakte er zum eigenen Vorteil in diesem Bereich verwendet.

Eine Rückkehr in die Politik schließt der Ex-Kanzler zwar immer wieder dezidiert aus, doch in seinem neuen, schicken Büro am Schubertring in der Wiener Innenstadt schart er ehemalige Getreue der „türkisen Partie" und prominente Kritiker der derzeitigen ÖVP-Führung um sich, die da wären:

- Ex-Finanzminister Gernot Blümel
- Ex-Landwirtschaftsministerin Elisabeth Köstinger
- Bernhard Bonelli, Kabinettchef im Bundeskanzleramt erst unter Kurz, dann unter Alexander Schallenberg
- Johannes Frischmann, Kurz' Pressesprecher im Bundeskanzleramt, davor an der Seite von Thomas Schmid im Finanzministerium tätig
- Vera Regensburger, früher für „Politik und Strategie" in der ÖVP zuständig und bis vor Kurzem unter Bundeskanzler Karl Nehammer dessen Vizekabinettchefin

- Viktor Niedermayr, ehemaliger Pressesprecher von Verfassungsministerin Karoline Edtstadler und zuletzt von Kanzler Nehammer (→ Der Standard 7.2.2023; Weekend 18.4.2023; oe24 29.8.2023)

Die „türkise Zweigstelle am Schubertring" dürfte also viel mehr als nur der Firmensitz einer dubiosen Cyber-Sicherheitsfirma sein. Hartnäckige Gerüchte behaupten gar, Kurz würde hier in den kommenden Jahren ein „Projekt Ballhausplatz 2.0" planen. Hinzu kommt parteiinterne Kritik an seiner öffentlichen Dauerpräsenz, die ihm bereits den Spitznamen „schwarzer Christian Kern" einbrachte, da er sich offenbar doch nicht ganz aus dem Rampenlicht zurückziehen möchte. Die ehemaligen Erzrivalen leiden offenbar beide unter dem „Restless Kanzler Syndrom".

Kurz selbst betonte zuletzt, dass er „immer noch in der Politik tätig sein könnte, wenn er das wolle". Und auch im ORF bot man ihm im April 2023 in der Sendung „Im Zentrum" eine prominente Bühne. (→ Kleine Zeitung 16.4.2023) Das undurchsichtige Spiel von Kurz führt auch innerhalb der ÖVP und besonders ihrer Parteigranden zu Verwerfungen. Die einen wollen einen klaren Rückzug des Ex-Kanzlers, wie etwa Niederösterreichs Ex-Landeshauptmann Erwin Pröll, andere hingegen, wie Ex-Nationalratspräsident Andreas Khol oder der Tiroler ÖVP-Nationalratsabgeordnete Franz Hörl, sehnen sich insgeheim immer noch nach einer Rückkehr. Man darf somit gespannt bleiben, wo und vor allem wie Kurz wieder aufschlagen wird.

Auf der Leinwand, wenn auch nicht der großen in Hollywood, wurde er jedenfalls wieder prominent ins Licht gerückt. Ganze vier Filmproduktionen, die sich dem Ex-Kanzler mal positiv, mal negativ, mal satirisch oder auch dokumentarisch widmen, waren bis zum Erscheinen dieses Buches entweder bereits im Kino zu sehen – wenn auch von mäßigem Publikumsinteresse begleitet – oder zumindest angekündigt. Was die Produktion dieser Filme betrifft, führen immer mehr Spuren zu Kurz und seinem Umfeld. Die Frage drängt sich auf: Stellt man dermaßen viele Ressourcen für PR, Marketing und Selbstinszenierung bereit, wenn man den Drang, in der ersten Reihe zu stehen, angeblich für immer aufgegeben hat?

Epilog: Kurz 2.0 – Ist das vorstellbar?

Zum Abschluss einige persönliche Überlegungen zu einer möglichen Rückkehr des Sebastian Kurz auf die politische Bühne. Ist sie nach alldem, was zwei Untersuchungsausschüsse über Kurz und seine Clique zu Tage gefördert haben, überhaupt vorstellbar? Ist es realistisch, dass sich die ÖVP ein zweites Mal einfach „übernehmen" lässt?

Ich bin davon überzeugt, dass das nicht nur vorstellbar ist, sondern eine durchaus realistische Option, wenn die Dinge so weiterlaufen, wie sich das momentan ankündigt. Die ÖVP liegt in den Umfragen am Boden. Die personelle Hinterlassenschaft aus der Ära Kurz rund um den farblosen Parteisoldaten Karl Nehammer bringt absolut nichts auf die Reihe. Die Situation ähnelt daher jener aus 2017, als die Volkspartei unter Reinhold Mitterlehner von einem Kampf um die Kanzlerschaft meilenweit entfernt war. Diesmal ist es sogar noch schlimmer, denn anders als 2017 sitzt die ÖVP derzeit am Ballhausplatz und könnte den Platz an der Sonne verlieren.

Was sich 2017 abspielte und in den Jahren davor vorbereitet worden war, war zwar ein eiskalter organisatorischer und personeller Putsch innerhalb der ÖVP. Aber es war kein ideologischer Bruch, denn die ÖVP hatte damals schon längst jede ideologische Grundierung abgelegt. Sie war einzig und allein vom verzweifelten Wunsch nach Machterhalt beseelt. Die Aussicht, nach der nächsten Wahl in Opposition zu landen, ließ sie Kurz und seinen Kumpanen begeistert und ohne Bedenken folgen.

Die Beliebigkeit der ÖVP hätte sich nicht deutlicher zeigen können als in der völligen Schubumkehr, die Kurz und Co. beim Wechsel des Koalitionspartners von der FPÖ zu den Grünen einlegte. Während unter Türkis-Blau unter dem Eindruck der illegalen Masseneinwanderung 2015/16 die Verschärfung der Asyl- und Zuwanderungsregeln das Leitthema war, wechselte die ÖVP Anfang 2020 mit fliegenden Fahnen auf Klimaschutz und riss die Tore Österreichs wieder so sperrangelweit auf, dass 2022 sogar noch mehr illegale Einwanderer einen Asylantrag stellten als im bisherigen „Katastrophenjahr“ 2015. Indessen biederte sich die ÖVP den Grünen in gesellschaftspolitischen Fragen in einer Weise an, als wäre sie selbst eine originäre Linkspartei und hätte mit konservativen und bürgerlichen Werten nie etwas zu tun gehabt.

Der einzige Unterschied: Die Linie von Türkis-Blau war – vor allem dank der entschlossenen Arbeit von Innenminister Herbert Kickl für den Erhalt Österreichs als Heimatland – in der Bevölkerung beliebt, während Programm und Personal von Schwarz-Grün bei den Bürgern mittlerweile unten durch sind.

Wenn sich der ÖVP daher durch ein Comeback von Sebastian Kurz eine ausreichend positive Perspektive auf eine Rückkehr ins Rennen um die Kanzlerschaft bieten würde, würde sie diesen Strohhalm zweifellos ein weiteres Mal ergreifen. Die Truppe, die damals die Geschicke der auf Türkis umgefärbten Partei lenkte, steht praktisch komplett weiterhin zur Verfügung und sitzt mehr oder weniger gelangweilt im Büro ihres Idols am Schubertring, jederzeit bereit für die Rückkehr in die ÖVP-Zentrale in der Lichtenfelsgasse, um von dort einmal mehr Kurs auf das Kanzleramt am Ballhausplatz zu nehmen.

Ich wage auch zu behaupten, dass selbst eine Verurteilung des Ex-Kanzlers in dem nun vor Gericht landenden Verfahren wegen Falschaussage im Untersuchungsausschuss einen solchen

Plan nicht vereiteln würde. Kurz und seine Kommunikations-Profis würden das als „Kavaliersdelikt" abtun – Respekt vor dem Parlament und seinen Institutionen ist diesen Figuren ohnehin seit jeher fremd. Man würde eine Verurteilung wohl als richterlichen „Rettungseinsatz" für die Wirtschafts- und Korruptionsstaatsanwaltschaft diskreditieren, die bei einem Freispruch mit dem Rücken zur Wand stünde. Und mit dieser PR-Strategie könnte man gleich in einen allfälligen weiteren Prozess wegen des „Beinschab-ÖSTERREICH-Tools" gehen.

Es würde mich dennoch überraschen, wenn das Comeback schon vor der Nationalratswahl 2024 erfolgen würde. Vielleicht ist der Leidensdruck in der ÖVP da noch nicht groß genug und die Hoffnung, auch Nehammer könnte ein halbwegs gesichtswahrendes Ergebnis einfahren, bei manchen noch nicht gestorben. Aber wenn sich das als zerplatzter Wunschtraum entpuppen sollte und die ÖVP nur noch den Vizekanzler stellt oder gar völlig aus der Regierung fliegt, wäre der Weg für Kurz und seine Getreuen spätestens frei.

Vielleicht ist aber zum regulären Wahltermin im Herbst 2024 auch schon alles ganz anders erledigt. Besonders der Besuch des Ex-Kanzlers in Ungarn, wo er nicht nur Viktor Orbán, sondern auch den türkischen Präsidenten Recep Tayyip Erdoğan und das serbische Staatsoberhaupt Aleksandar Vučić traf, lässt Ambitionen auf höherer Ebene vermuten. Schließlich finden 2024 auch Wahlen zum EU-Parlament statt. Ich meine nicht, dass die ÖVP ihren „EU-Pfarrer" Othmar Karas durch Kurz ersetzen und den Ex-Kanzler zum Spitzenkandidaten macht. Ich vermute eher, dass der Name Kurz danach auftauchen könnte, wenn es um die Auswahl des österreichischen EU-Kommissars geht – wobei Kurz sicherlich jemand wäre, der Anspruch auf die Kommissionspräsidentschaft anmelden könnte. Sein bisheriger politischer „Stil" macht ihn durchaus zum passenden Nachfolger für Ursula von der Leyen. Die Deutsche ist mit strafrechtlichen Vorwürfen konfrontiert, weil sie die Verträge für die Beschaffung von Corona-Impfstoffen mit den US-Konzern Pfizer via geheim gehaltener SMS-Nachrichten schloss und damit eine Beschaffung im Ausmaß von rund 35 Milliarden Euro maximal intransparent und eigenmächtig abwickelte.

Schließlich sei darauf hingewiesen, dass die Ära von Sebastian Kurz nicht nur extrem teuer war für die Steuerzahler, sondern darüber hinaus auch brandgefährlich. Es war Kurz, der den Startschuss zu einer durch und durch freiheitsfeindlichen und grundrechtswidrigen Corona-Politik setzte, die in Österreich in Form einer Impfpflicht die wohl übelsten Auswüchse innerhalb der westlichen Welt zeitigte. Der heutige Kanzler Karl Nehammer erwies sich im Innenministerium als gewissenloser Befehlsempfänger, der den Polizeiapparat – ohne mit der Wimper zu zucken – auf die eigene Bevölkerung hetzte, zu regelrechten Straforgien anstiftete und sogar zur rechtswidrigen Aushebelung des Grundrechts auf Versammlungsfreiheit antrieb. Verfassungsministerin Karoline Edtstadler präsentierte sich indessen als rücksichtlose Einpeitscherin, die nicht einmal davor zurückschreckte, Ungeimpften nach Inkrafttreten der bereits beschlossenen Impfpflicht indirekt mit der Abschiebung aus Österreich zu drohen, als sie sagte:

> *Mit der Einführung der Impfpflicht ist es eigentlich rechtswidrig, in Österreich zu wohnen und nicht geimpft zu sein. Und daran können sich auch andere Konsequenzen knüpfen. (→ Info DIREKT 13.12.2021)*

Da wundert es kaum, dass Edtstadler – die neben Interims-Kanzler Schallenberg wohl engste Kurz-Verbündete unter den verbliebenen Regierungsmitgliedern – auch sämtliche Zensurschritte auf europäischer Ebene frenetisch unterstützt, wie zuletzt den „Digital Services Act“, mit dem Unternehmen wie Google oder Facebook horrende Geldstrafen angedroht werden, wenn sie in den von ihnen betriebenen sozialen Netzwerken nicht nach den Vorgaben einer eigenen EU-Behörde Zensur üben. (→ Exxpress 15.8.2023)

Alternativlosigkeit von Maßnahmen und Einstellungen – Stichwort Corona oder Ukraine – ist das Markenzeichen zunehmend globalistisch agierender Mächtiger in Politik, Wirtschaft und Medien. Diese Alternativlosigkeit wird zunehmend zum Herrschaftsinstrument, indem all jene, die es noch wagen, in Alternativen zu denken, mit Überwachung, Zensur und notfalls eben Zwangsmaßnahmen „auf Linie" gebracht werden sollen. Da könnte ein Sebastian Kurz mit seinen exzellenten Geschäftskontakten zu den umstrittenen Unternehmen Palantir und NSO Group (verantwortlich für die Spionage-Software Pegasus) eine Schlüsselrolle einnehmen.

Mich würde es nicht wundern, wenn die bevorstehende Nationalratswahl in Österreich zu einer Art Testlauf für den Einsatz jener Kenntnisse und Fähigkeiten würde, die Sebastian Kurz in seinem „neuen Leben" als Unternehmer an Kenntnissen erworben hat. Wer sich um eine Wahlkampfkostenbeschränkung nicht das Geringste pfeift und sie um fast das Doppelte überschreitet (→ Der Standard 29.10.2018), der hat wohl auch wenig Skrupel, wenn es um den Einsatz technischer Systeme im Bereich von „Big Data", „Künstlicher Intelligenz" und möglicherweise sogar Spionage geht, um das eigene Wahlergebnis zu optimieren.

Vielleicht kehren vor der Person Sebastian Kurz noch seine Methoden zurück... vielleicht waren sie aber auch gar nie weg!

Anhang: Mängel, Baustellen und Verbesserungsbedarf

Wie viele andere demokratische Kontrollinstrumente, so weist auch der Untersuchungsausschuss diverse Mängel und Schlupflöcher in seiner Verfahrensordnung auf, die sich vor allem in den vergangenen Jahren verstärkt offenbart haben und die künftig und bereits jetzt Gegenstand von Debatten sowie von Verbesserungsvorschlägen sind. Im folgenden Anhang soll daher kurz umrissen werden, welche akuten Defizite die Verfahrensordnung des U-Ausschusses aufweist und wie sie zu verbessern wäre.

Abwesenheiten und „Flucht“

Gerade im aktuellen ÖVP-Korruptions-Untersuchungsausschuss offenbart sich eine zentrale Schwachstelle dieses Instruments in Hinblick auf die Ladung und Vernehmung von Auskunftspersonen. Diesen wird es nämlich durch die aktuelle Verfahrensordnung bzw. deren mangelhafte Exekution zu leicht gemacht, sich Befragungen durch eine Verlegung ihres Hauptwohnsitzes ins Ausland zu entziehen. Gerade von Behördenseite müsste mit größerem Nachdruck entsprechenden Ladungsgesuchen und deren Zustellung, der Auffindung von Geladenen sowie auch der zwangsweisen Vorführung vor den Untersuchungsausschuss nachgekommen werden.

Als weiteres Problem erwies sich, dass einige Auskunftspersonen Urlaube und Krankenstände auffällig häufig auf ihre Befragungstage legten und dies auch an den zugewiesenen Ersatzterminen, was wiederum dazu führte, dass manche

Auskunftspersonen nie erschienen. Als Beispiel für solch ein Verhalten ist der Direktor des Bundeskriminalamts und ehemalige Leiter der „Soko Tape“, Andreas Holzer, zu nennen. Dieser erschien trotz mehrmaliger Ladung zu keinem Zeitpunkt vor dem Untersuchungsausschuss. Für die freiheitliche Fraktion ein klarer Fall von „Flucht“ und von Missachtung eines parlamentarischen Kontrollgremiums.

Wie mit diesen absehbar ausufernden Phänomenen künftig umzugehen ist, muss in die Reformdiskussionen der Verfahrensordnung mit einfließen.

Videobefragungen

Gerade die Corona-Pandemie hat gezeigt, dass Flexibilität auch im parlamentarischen Betrieb notwendig sein wird (und auch möglich ist), um auf Entwicklungen zu reagieren, die nicht vorhersehbar sind. So ist in der Verfahrensordnung bzw. der Geschäftsordnung des Nationalrats nicht vorgesehen, dass Befragungen mittels Videokonferenz stattfinden können. Neben den rechtlichen Voraussetzungen sollte danach getrachtet werden, dass die Parlamentsdirektion die nötigen technischen Einrichtungen zu Verfügung hat, um Videobefragungen im gesamten Bundesgebiet möglich zu machen. Wer parlamentarische Kontrolle ernst nimmt, wird sich dieser technischen Errungenschaft nicht ernsthaft verschließen können, zumal Videobefragungen bei Gericht mittlerweile ein gängiges Instrument sind. Eine Änderung der Geschäftsordnung des Nationalrats bzw. der Verfahrensordnung für Untersuchungsausschüsse ist in dieser Frage dringlich anzudenken.

Übertragungen für die breite Öffentlichkeit

Die freiheitliche Fraktion bekennt sich zum Wunsch vieler politischer Protagonisten und Beobachter, wonach die U-Ausschuss-Sitzungen bzw. Befragungen live gestreamt und im TV übertragen werden sollten, um diese einer breiten Öffentlichkeit durch ein niederschwelliges Angebot zugänglich zu machen. Natürlich ergeben sich daraus viele offene Fragen, etwa zum Datenschutz, zum Schutz der Interessen Dritter etc. All diese Bedenken sind jedoch lösbar, beispielsweise durch zeitversetztes Streaming, das eine nachträgliche Anonymisierung zulässt.

Unabhängig von rechtlichen Bedenken befürwortet die Mehrheit der Parlamentsparteien heute die öffentliche Übertragung der U-Ausschuss-Befragungen, und daher sollte als eine der wichtigsten Errungenschaften bei einer Adaptierung der Verfahrensordnung diesem Wunsch auch Rechnung getragen werden. Es muss schon allein im Sinne der politischen Transparenz und der demokratischen Willensbildung oberste Priorität haben, dieses Kontrollinstrument der Öffentlichkeit so zugänglich wie möglich zu gestalten.

Filibusterregelung

Der Ibiza-Untersuchungsausschuss hat erstmals in der Geschichte der parlamentarischen Befragungen auch dazu geführt, dass die Volkspartei durch eine sogenannte „Filibusterbefragung" gezielt den anderen Parteien die Möglichkeit nahm, ihre Fragen an die Auskunftsperson zu stellen. So hat Ex-Bundeskanzler Sebastian Kurz in seiner Letztbefragung durch ausschweifende und langatmige Antworten die Redezeit dermaßen ausgedehnt, dass mehreren Fraktionen gar nicht mehr die Möglichkeit gegeben war, ihre Fragen zu stellen, weil die Vier-Stunden-Grenze bereits erreicht war.

Auch wenn man sich dazu bekennt, dass die Auskunftsperson keine Redezeitbegrenzung (außer bei der einleitenden Stellungnahme) hat, so ist die Verfahrensordnung doch auch dem Ziel anzupassen, dass jede Fraktion die Möglichkeit von zumindest einer vollen Fragerunde hat.

Vorsitzführung

Dachte man zunächst, dass es kaum zu so kontroversiellen Auseinandersetzungen durch die Vorsitzführung kommen könnte wie im vergangenen Ibiza-Untersuchungsausschuss, so wurde man durch den aktuellen ÖVP-Korruptions-Untersuchungsausschuss eines Besseren belehrt. Immer wieder missbrauchte Nationalratspräsident Wolfgang Sobotka (ÖVP) die Vorsitzführung, um Befragungen zu blockieren, in die Länge zu ziehen oder zu unterbrechen – vor allem im Hinblick auf Geschäftsordnungsdebatten, die den Befragungsfluss erheblich hemmten. An manchen Befragungstagen kam es sogar vor, dass über 30 Geschäftsordnungsdebatten geführt wurden. Auch die Involvierung des Vorsitzenden Wolfgang Sobotka in zahlreiche Untersuchungsgegenstände wie das „Projekt Ballhausplatz" oder die Alois-Mock-Stiftung, ließen massive Zweifel an der Objektivität des Ausschussvorsitzenden aufkommen.

Die Verfahrensordnung des U-Ausschusses war nicht auf Wolfgang Sobotka als Vorsitzenden vorbereitet.

Bereits im Abschlussbericht des Ibiza-Untersuchungsausschusses kam der damalige Verfahrensrichter zu der Erkenntnis, dass es einer Änderung in den Bereichen des Vorsitzes und der Aufgabe des Verfahrensrichters bedürfe. Bei der Reform der Verfahrensordnung haben sich die politischen Parteien des Parlaments ganz bewusst für die Vorsitzführung durch den Nationalratspräsidenten entschieden. Zu diesem Zeitpunkt war jedoch noch nicht klar, dass es einmal einen Präsidenten geben würde, der bereits in zwei aufeinanderfolgenden Untersuchungsausschüssen selbst als Dreh- und Angelpunkt mitten in den Untersuchungen stehen und trotzdem nicht von Haus aus auf den Vorsitz verzichten würde.

Zur Erinnerung: Beim BVT-Untersuchungsausschuss hatte Sobotka auf die Vorsitzführung verzichtet, da er selbst im Untersuchungszeitraum Innenminister war und er jeden Anschein von Befangenheit ausschließen wollte. Die Verfahrensordnung ist jedenfalls nicht auf derartige politische „Elementarereignisse" wie eben die Vorsitzführung durch Wolfgang Sobotka ausgelegt, sodass bei einer Änderung der Verfahrensordnung die Vorsitzführung eventuell durch die parlamentarische Schiedsstelle im Vorfeld des Ausschusses festgelegt werden sollte.

Verfahrensrichter und Verfahrensanwälte

Dem Verfahrensrichter kommt beim Untersuchungsausschuss eine besondere Rolle zu – bereits zum zweiten Mal hat Wolfgang Pöschl diese Aufgabe dankenswerterweise sehr professionell ausgeübt, ebenso wie Christa Edwards als seine Stellvertreterin im ÖVP-Korruptions-Untersuchungsausschuss.

Bei vergangenen Ausschüssen zeigte sich bisweilen, dass Personen im Richterdienst ohne entsprechende Resilienz sehr bald mit den parlamentarischen Gepflogenheiten überfordert sein können. Ein Parlament ist kein Gericht und eine U-Ausschuss-Sitzung keine Gerichtsverhandlung. Wenn ein Richter mit Zwischenrufen von Abgeordneten nicht umgehen kann bzw. entnervt das Handtuch wirft, so wirft das auf den Richterstand kein gutes Licht. Dies umso mehr, als eine gewisse Lebhaftigkeit das Wesen des Parlamentarismus ausmacht und gerade bei brisanten U-Ausschüssen durchaus nicht überraschend kommt. Der ehemalige deutsche Bundeskanzler Helmut Schmidt (SPD) beschrieb den parlamentarischen Betrieb bereits 1986 in treffenden Worten:

> *Alle diese Zwischenrufe machen uns erneut bewusst, dass eine parlamentarische Demokratie keine harmonische oder diplomatische Veranstaltung ist. Das war sie vor zweieinhalbtausend Jahren im Athen des Perikles und des Demosthenes auch nicht. Demokratie im Parlament bleibt immer allzu menschlich, besonders dann, wenn die Politiker ihr Metier mit Leidenschaft betreiben. (→ Deutscher Bundestag 1986, S. 17680)*

Ein weiterer Punkt, der bei einer möglichen Reform der Verfahrensordnung einfließen sollte, ist die Frage nach der rechtlichen Wertung der Vorgänge durch den Verfahrensrichter. Wenn – wie in der Vergangenheit vorgekommen – ein Verfahrensrichter zu rechtlich noch nicht ausjudizierten Sachverhalten bereits sachliche bzw. juristische Meinungen abgibt, so besteht die Gefahr, dass im nachfolgenden Strafverfahren diese Analyse bzw. die Rechtsansicht aus dem Bericht des Verfahrensrichters miteinfließt. Hier sollte eine Regelung geschaffen werden, die auch künftig faire Verfahren ohne inhaltliche Einflussnahme möglich macht.

Die Erstbefragung durch den Verfahrensrichter sollte abgeschafft werden. Der Verfahrensrichter soll jedoch weiterhin die Möglichkeit haben, nach Ende der Befragungen für ihn offen gebliebene Fragen stellen zu können. Es gibt jedoch kein

Argument dafür, warum der Verfahrensrichter bereits vor den Abgeordneten seine Fragen an die Auskunftspersonen richten sollte.

Als zentrales Problem erwies sich in der jüngeren Vergangenheit auch, dass Verfahrensanwälte nicht abgewählt werden können. So kam es im ÖVP-Korruptions-Untersuchungsausschuss zu einem durchaus bemerkenswerten Vorfall. Die Verfahrensanwältin Barbara Weiß soll Informationen weitergegeben haben, die nicht zur Weitergabe bestimmt waren. Dieses Ereignis fand auch in den Medien Niederschlag:

> *Weiß soll Informationen der SPÖ gegen deren Willen an die ÖVP weitergegeben haben. Eine noch nie dagewesene Situation, denn auch Verfahrensrichter Wolfgang Pöschl konstatierte in einem Brief an Sobotka, der ja auch dem U-Ausschuss vorsitzt, Weiß habe „fehlende Äquidistanz" gezeigt. (→ Der Standard 13.7.2022)*

Eine entsprechende Änderung der Geschäftsordnung, die dazu führt, dass die Verfahrensanwälte, aber auch die Verfahrensrichter, abgewählt werden können, wurde daher beantragt. (→ Krainer u.a. 21.9.2022)

Entschlagungsgründe und „Amnesie"

Als wesentliches Problem in den Befragungen im jüngsten Untersuchungsausschuss entpuppten sich auch der inflationäre Gebrauch von Entschlagungsgründen sowie eine allseits grassierende „Amnesie" unter den Auskunftspersonen. Freilich sind dies Phänomene, die durch Änderungen oder Anpassungen in der Verfahrensordnung kaum bis gar nicht zu bewältigen sind, weil sie im persönlichen Ermessen und Agieren Einzelner angesiedelt sind. Es ist jedoch aus demokratiepolitischer Sicht bedenklich, dass Befragungen, die zur Aufklärung beitragen sollen, zu einstudierten und abgeglichenen

„Entschlagungsorgien" ausarten und die wichtige Aufklärungsarbeit der Abgeordneten oftmals durch Verteidigungsstrategien des „Vergessens" bzw. der „Nicht-Wahrnehmung" torpediert wird.

Kritisch zu hinterfragen wäre in diesem Kontext besonders die Rolle von polit-medialen PR- und Beratungsagenturen, die Auskunftspersonen mittlerweile für teures Geld in eigenen Seminaren vor ihren Befragungen „schulen" und coachen. So hat sich in diesem Untersuchungsausschuss gezeigt, dass es vielfach zu solchen „Beratungen" für Minister, Sektionschefs und Staatsanwälte gekommen ist. Dabei wurden schon im Ibiza-Untersuchungsausschuss über 24.000 Euro vom Justizministerium für solche Coachings ausgegeben. (→ ZackZack 25.3.2022) Die Notwendigkeit und der Zweck dieser „Beratungen" ist nach wie vor nicht ersichtlich.

Autor

Christian Hafenecker, MA (*1980) ist Abgeordneter zum Nationalrat und Generalsekretär der Freiheitlichen Partei Österreichs (FPÖ). In den vergangenen beiden Untersuchungsausschüssen, die sich unter verschiedenen Bezeichnungen mit dem multiplen Missbrauch des Staats durch die ÖVP befassten, stand er der freiheitlichen Fraktion vor und wirkte an der Aufdeckung und Aufarbeitung zahlreicher Polit-Skandale federführend mit. Daneben beschäftigt sich Hafenecker im Nationalrat, in dem er als scharfsinniger Verfechter eines lebendigen Parlamentarismus gilt, insbesondere mit den Themen Verkehr und Medien. Der Absolvent der FH Campus Wien war vor seiner politischen Laufbahn, die 2010 als Abgeordneter zum niederösterreichischen Landtag begann, als freier Journalist tätig. Christian Hafenecker lebt in Kaumberg (Niederösterreich), ist verheiratet und Vater von drei Kindern.

Quellenverzeichnis

Blümel, Gernot (8.9.2021): Beantwortung der schriftlichen parlamentarischen Anfrage Nr. 7337/J vom 8. Juli 2021 der Abgeordneten Christian Hafenecker, MA, Kolleginnen und Kollegen, https://www.parlament.gv.at/dokument/XXVII/AB/7227/imfname_996091.pdf, Abruf 24.7.2023.

BMKÖS: „Ministerbüro", https://www.bmkoes.gv.at/Ministerium/Ministerb%C3%BCro.html, Abruf 24.9.2023.

Bundeskanzleramt (6.4.2020): „Bundeskanzler Kurz: Stufenplan für schrittweise Öffnung von Geschäften nach Ostern, aber Maßnahmen weiter befolgen", https://www.bundeskanzleramt.gv.at/bundeskanzleramt/nachrichten-der-bundesregierung/2020/bundeskanzler-kurz-stufenplan-fuer-schrittweise-oeffnung-von-geschaeften-nach-ostern-aber-massnahmen-weiter-befolgen.html, Abruf 23.9.2023.

Der Standard (25.8.2017): „Grünen-Werber Martin Radjaby geht zur Erste Group", https://www.derstandard.at/story/2000063137591/gruenen-werber-martin-radjaby-geht-zur-erste-group, Abruf 24.9.2023.

Der Standard (27.10.2017): „Fünf Millionen Euro Schulden: Grüne arbeiten an Sanierungsplan", https://www.derstandard.at/story/2000066743183/gruene-arbeiten-an-sanierungsplan, Abruf 24.9.2023.

Der Standard (29.10.2018): „ÖVP gab für Wahlkampf 2017 fast doppelt so viel aus wie erlaubt", https://www.derstandard.at/story/2000090293391/oevp-und-fpoe-sprengten-kostenrahmen-bei-nationalratswahl-deutlich, Abruf 24.9.2023.

Der Standard (21.8.2019): „Drogeriekönig, Fruchtsaftimperium, Tycoon: Die anderen ÖVP-Spender", https://www.derstandard.at/story/2000107655580/drogeriekoenig-fruchtsaftimperium-tycoon-die-anderen-oevp-spender, Abruf 23.9.2023.

Der Standard (29.1.2021): „Grüner Ex-Wahlkampfmanager sah Teile des Ibiza-Videos vor Veröffentlichung“, https://www.derstandard.at/story/2000123730106/einstiger-gruenen-sprecher-sah-ibiza-videoteile-vor-veroeffentlichung, Abruf 24.9.2023.

Der Standard (2.2.2021): „‚ORF muss etwas tun, wenn er zukunftsfit werden will‘: Martin Radjaby-Rasset über Erste-Abgang, ORF und Pläne“, https://www.derstandard.at/story/2000123798929/orf-muss-etwas-tun-wenn-er-zukunftsfit-werden-will-martin, Abruf 25.9.2023.

Der Standard (9.6.2021): „Schmid nach mehr Budget für Außenminister Kurz: ‚Du schuldest mir was‘“, https://www.derstandard.at/story/2000127270907/schmid-nach-mehr-budget-fuer-aussenminister-kurz-du-schuldest-mir, Abruf 24.9.2023.

Der Standard (10.6.2021): „Was hinter der ‚Geldscheißer‘-Causa um Kurz und Schmid steckt“, https://www.derstandard.at/story/2000127300221/was-hinter-der-geldscheisser-causa-um-kurz-und-schmid-steckt, Abruf 24.9.2023.

Der Standard (13.7.2021): „Neues aus Chatprotokollen: Dichand, Steuern, Schmid und Äthiopien“, https://www.derstandard.at/story/2000128145277/neues-aus-chat-protokollen-dichand-steuern-schmid-und-aethiopien, Abruf 24.9.2023.

Der Standard (28.9.2021): „ÖVP klagt über Gerüchte zu Razzien und versichert: ‚Es ist nichts mehr da‘“, https://www.derstandard.at/story/2000130004333/oevp-klagt-ueber-geruechte-zu-razzien-und-versichert-es-ist, Abruf 24.9.2023.

Der Standard (16.10.2021): „Dokumentiert: Die Chatprotokolle der Causa Kurz“, https://www.derstandard.at/story/2000130406824/dokumentiert-die-chat-protokolle-der-causa-kurz, Abruf 23.9.2023.

Der Standard (20.12.2021): „Bestechungsvorwürfe gegen Unternehmer Siegfried Wolf“, https://www.derstandard.at/story/2000132058111/schwere-vorwuerfe-gegen-finanzamt-leiterin, Abruf 24.9.2023.

Der Standard (26.12.2021): „‚Das ist irre!‘: Was sich im Finanzministerium rund um die Causa Wolf abspielte“, https://www.derstandard.de/story/2000132160006/das-ist-irre-was-sich-im-finanzministerium-rund-um-die, Abruf 24.9.2023.

Der Standard (25.1.2022): „Brisante Telefonate in Causa rund um FFP2-Masken-Deal abgehört“, https://www.derstandard.at/story/2000132830807/brisante-telefonate-in-causa-rund-um-ffp2-masken-deal-abgehoert, Abruf 24.9.2023.

Der Standard (4.2.2022): „‚Wir sind für René Benko‘: Kein Verfahren wegen türkiser Hilfe bei Kika/Leiner-Deal“, https://www.derstandard.at/story/2000133104947/wir-sind-fuer-rene-benko-kein-verfahren-wegen-tuerkiser-hilfe, Abruf 24.9.2023.

Der Standard (21.3.2022): „ÖVP-Korruptionsausschuss offenbart die vielen Probleme im Finanzressort“, https://www.derstandard.at/story/2000134258673/oevp-korruptionsausschuss-offenbart-die-vielen-probleme-im-finanzressort, Abruf 23.9.2023.

Der Standard (20.6.2022): „Teure Corona-Tests im Tourismusbereich“, https://www.derstandard.at/story/2000136720996/teure-corona-tests-im-tourismus-bereich, Abruf 24.9.2023.

Der Standard (13.7.2022): „Eklat im U-Ausschuss: Verfahrensanwältin gab SPÖ-Infos an ÖVP weiter“, https://www.derstandard.at/story/2000137426328/eklat-im-u-ausschuss-verfahrensanwaeltin-gab-spoe-infos-an-oevp, Abruf 24.9.2023.

Der Standard (12.9.2022): „Tiroler ÖVP-Bauernjugend muss 816.000 Euro Corona-Hilfe zurückzahlen“, https://www.derstandard.at/story/2000139010609/tiroler-oevp-bauernjugend-muss-816-000-euro-coronahilfe-zurueckzahlen, Abruf 24.9.2023.

Der Standard (12.10.2022): „Kurz gründet Start-up mit Ex-Chef von Spionagesoftware-Firma“, https://www.derstandard.at/story/2000139927532/kurz-gruendet-start-up-fuer-cybersicherheit-in-israel, Abruf 24.9.2023.

Der Standard (19.10.2022)/1: „So kam es zu den geheimen Treffen zwischen Schmid und der WKStA“, https://www.derstandard.at/story/2000140132854/diskreter-weg-zu-schmids-gestaendnis, Abruf 23.9.2023.

Der Standard (19.10.2022)/2: „Kurz nahm Telefonat mit Schmid über ‚Beinschab-Tool' auf", https://www.derstandard.at/story/2000140133241/kurz-nahm-telefonat-mit-schmid-ueber-beinschab-tool-auf, Abruf 23.9.2023.

Der Standard (19.10.2022)/3: „Benkos Yacht, Skitouren und ein Jobangebot an Thomas Schmid", https://www.derstandard.at/story/2000140133241/kurz-nahm-telefonat-mit-schmid-ueber-beinschab-tool-auf, Abruf 24.9.2023.

Der Standard (7.2.2023): „Türkise Zweigstelle am Schubertring", https://www.derstandard.at/story/2000143313678/tuerkise-zweigstelle-am-schubertring, Abruf 24.9.2023.

Der Standard (30.3.2023): „WKStA ermittelt wegen Inseraten in ‚Heute' und ‚Krone' gegen ÖVP, Kurz und Ehepaar Dichand", https://www.derstandard.at/story/2000145054255/wksta-ermittelt-wegen-inseraten-in-heute-und-krone-gegen-oevp, Abruf 24.9.2023.

Der Standard (7.4.2023): „Sebastian Kurz mit René Benko auf Investorensuche in Nahost", https://www.derstandard.at/story/2000145283877/sebastian-kurz-mit-rene-benko-auf-investorensuche-in-nahost, Abruf 24.9.2023.

Der Standard (1.6.2023): „Rohbau für Benko-Kaufhaus in Wien ist fast fertig", https://www.derstandard.at/story/3000000172752/rohbau-fuer-benko-kaufhaus-in-wien-ist-fast-fertig, Abruf 24.9.2023.

Der Standard (2.6.2023): „Frank Albert beweist Geduld und übernimmt Kika/Leiner-Immobilien", https://www.derstandard.at/story/3000000172820/frank-albert-beweist-geduld-und-ueberniimm, Abruf 24.9.2023.

Der Standard (12.6.2023): „Kika/Leiner hat Insolvenzantrag gestellt", https://www.derstandard.at/story/3000000174173/kikalein, Abruf 24.9.2023.

Der Standard (22.8.2023): „Team Kurz soll in letzter Minute Lögers Kandidaten für Öbag-Posten verhindert haben", https://www.derstandard.at/story/3000000183845/team-kurz-soll-in-letzter-minute-loegers-kandidaten-fuer-oebag-posten-verhindert-haben, Abruf 23.9.2023.

Der Standard (19.9.2023): „Kriminalfall um defekte Masken: „Das politische Versagen ist absolut da““, https://www.derstandard.at/story/3000000187426/kriminalfall-um-defekte-masken-das-politische-versagen-ist-absolut-da, Abruf 24.9.2023.

Deutscher Bundestag (1986): Stenographischer Bericht, 228. Sitzung, Bonn, Mittwoch, den 10. September 1986, https://dserver.bundestag.de/btp/10/10228.pdf, Abruf 24.9.2023.

Die Presse (12.2.2023): „Ein Sittenbild mit 26 Millionen Seiten“, https://www.diepresse.com/6250538/ein-sittenbild-mit-26-millionen-seiten, Abruf 24.9.2023.

Die Presse (23.8.2022): „Hofburg-Wahlkampf: Alpbach-Präsident Treichl und Molterer für Van der Bellen“, https://www.diepresse.com/6180848/hofburg-wahlkampf-alpbach-praesident-treichl-und-molterer-fuer-van-der-bellen, Abruf 24.9.2023.

Die Presse (24.11.2022): „Schmids Geständnis: Was René Benko vorgeworfen wird“, https://www.diepresse.com/6204479/schmids-gestaendnis-was-rene-benko-vorgeworfen-wird, Abruf 25.9.2023.

Die Presse (1.6.2023): „Wie viel hat René Benko beim Kika-Leiner-Deal verdient?“, https://www.diepresse.com/6294506/wie-viel-hat-rene-benko-beim-kika-leiner-deal-verdient, Abruf 24.9.2023.

Erste Group (25.1.2017): „Stefan Wallner wechselt zur Erste Group - leitet den Bereich ‚Company Transformation and Civil Society Partnerships‘“, https://www.erstegroup.com/de/news-media/presseaussendungen/2017/01/25/stefan-wallner-wechselt-zur-erste-group, Abruf 24.9.2023.

Exxpress (13.11.2022): „Forderung an Justizministerin: Kein Kronzeugen-Status für Thomas Schmid“, https://exxpress.at/forderung-an-justizministerin-kein-kronzeugen-status-fuer-thomas-schmid/, Abruf 23.9.2023.

Exxpress (15.8.2023): „Edtstadler (ÖVP) erfreut über neues Zensurgesetz der EU: ‚Meilenstein‘“, https://exxpress.at/edtstadler-oevp-erfreut-ueber-neues-zensurgesetz-der-eu-meilenstein/, Abruf 24.9.2023.

Falter (19.9.2017): „„Projekt Ballhausplatz'", https://www.falter.at/zeitung/20170919/projekt-ballhausplatz, Abruf 24.9.2023.

Freiheitlicher Parlamentsklub (17.9.2021): Der schwarze Faden – Abschlussbericht der Fraktion des Freiheitlichen Parlamentsklubs zum Ibiza-Untersuchungsausschuss, https://www.parlament.gv.at/dokument/XXVII/I/1040/imfname_997223.pdf, Abruf 24.9.2023.

Freiheitlicher Parlamentsklub (28.10.2022): „FPÖ – Hafenecker: Die COFAG ist ein heißer Kandidat für den nächsten Untersuchungsausschuss", https://www.ots.at/presseaussendung/OTS_20221028_OTS0054/fpoe-hafenecker-die-cofag-ist-ein-heisser-kandidat-fuer-den-naechsten-untersuchungsausschuss, Abruf 24.9.2023.

Freiheitlicher Parlamentsklub (31.3.2023): Kurz-Schluss. Die ÖVP und die organisierte Korruption – Fraktionsbericht des Freiheitlichen Parlamentsklubs, https://www.parlament.gv.at/dokument/XXVII/I/1996/imfname_1549971.pdf, Abruf 23.9.2023.

Freiheitlicher Parlamentsklub (21.6.2023): „FPÖ – Hafenecker: ‚Kika/Leiner-Debakel ist ÖVP-Skandal erster Güte, ein Untersuchungsausschuss ist unabdingbar!'", https://www.ots.at/presseaussendung/OTS_20230621_OTS0156/fpoe-hafenecker-kikaleiner-debakel-ist-oevp-skandal-erster-guete-ein-untersuchungsausschuss-ist-unabdingbar, Abruf 24.9.2023.

Freiheitlicher Parlamentsklub (21.8.2023): „FPÖ – Hafenecker zu Kika/Leiner-Insolvenz: Aktuelle Entwicklungen sind weiterer Beweis für Notwendigkeit eines U-Ausschusses", https://www.ots.at/presseaussendung/OTS_20230821_OTS0067/fpoe-hafenecker-zu-kikaleiner-insolvenz-aktuelle-entwicklungen-sind-weiterer-beweis-fuer-notwendigkeit-eines-u-ausschusses, Abruf 24.9.2023.

Golem.de (2.2.2023): „Palantir für die militärische Zielauswahl verantwortlich", https://www.golem.de/news/ukrainekrieg-palantir-fuer-die-militaerische-zielauswahl-verantwortlich-2302-171631.html, Abruf 24.9.2023.

Hafenecker, Christian u.a. (8.7.2021): Anfrage an den Bundesminister für Finanzen betreffend Causa Dichand – Mögliche Steuererlässe durch Intervention des damaligen Generalsekretärs Thomas Schmid im Jahr 2018, https://www.parlament.gv.at/dokument/XXVII/J/7337/fnameorig_988777.html, Abruf 24.9.2023.

Hafenecker, Christian u.a. (1.3.2023): Antrag betreffend die Einsetzung eines Untersuchungsausschusses gemäß § 33 Abs 1 GOG-NR zur Untersuchung der politischen Verantwortung im Zusammenhang mit sämtlichen Corona-Maßnahmen zur tatsächlichen oder vorgeblichen Bekämpfung der Covid-19-Pandemie im Zeitraum vom 7. Jänner 2020 bis zum 28. Juni 2022, https://www.parlament.gv.at/dokument/XXVII/US/5/fnameorig_1544465.html, Abruf 24.9.2023.

Handelsblatt (27.12.2021): „Rechts und extrem: Milliardär Peter Thiel will die Republikaner mit Millionen auf Trump-Kurs halten", https://www.handelsblatt.com/politik/international/wahljahr-2022-in-den-usa-rechts-und-extrem-milliardaer-peter-thiel-will-die-republikaner-mit-millionen-auf-trump-kurs-halten/27923866.html, Abruf 24.9.2023.

Heute (20.6.2019): „Aktionär soll 1 Mio. Euro an Kurz gespendet haben", https://www.heute.at/s/tiroler-unternehmer-soll-eine-million-euro-an-ovp-sebastian-kurz-gespendet-haben-52479242, Abruf 23.9.2023.

Heute (9.6.2021): „Expertin zur Causa Schmid: ‚Gesetz wurde pervertiert'", https://www.heute.at/s/expertin-zur-causa-schmid-gesetz-wurde-pervertiert-100146251, Abruf 24.9.2023:

Heute (3.3.2022): „Ex-Ministerin Sophie Karmasin festgenommen", https://www.heute.at/s/ex-ministerin-sophie-karmasin-festgenommen-100193583, Abruf 24.9.2023.

Info DIREKT (13.12.2021): „Verfassungsministerin: Für Ungeimpfte wird der Aufenthalt in Österreich illegal", https://www.info-direkt.eu/2021/12/13/verfassungsministerin-fuer-ungeimpfte-wird-der-aufenthalt-in-oesterreich-illegal/, Abruf 24.9.2023.

Kickl, Herbert (2017): „Mit Fairness zum Erfolg", in: Tóth, Barbara/Hofer, Thomas (Hg.): Wahl 2017 – Loser, Leaks & Leadership. Wien: Ärzteverlag.

Kleine Zeitung (30.3.2020): „Bald wird jeder von uns jemanden kennen, der an Corona gestorben ist", https://www.kleinezeitung.at/politik/innenpolitik/5793215/Bundeskanzler-Sebastian-Kurz_Bald-wird-jeder-von-uns-jemanden, Abruf 24.9.2023.

Kleine Zeitung (29.5.2020): „Ab 15. Juni: Keine Maskenpflicht mehr für Schulen und im Handel", https://www.kleinezeitung.at/politik/innenpolitik/5820120/MundNasenschutz-runter-und-Aermel-rauf_Ab-15-Juni_Keine, Abruf 23.9.2023.

Kleine Zeitung (9.10.2021): „Kurz tritt zurück, Schallenberg übernimmt, Regierung bleibt", https://www.kleinezeitung.at/politik/innenpolitik/6045082/KanzlerRuecktritt-zum-Nachlesen_Kurz-tritt-zurueck-Schallenberg, Abruf 24.9.2023.

Kleine Zeitung (17.2.2023): „Seniorenbund zahlt knapp 2,5 Millionen Euro zurück „, https://www.kleinezeitung.at/politik/innenpolitik/6252470/Zu-Unrecht-bezogen_Seniorenbund-zahlt-knapp-25-Millionen-Euro-zurueck, Abruf 24.9.2023.

Kleine Zeitung (16.4.2023): „Ex-Kanzler Kurz gibt Comeback im ORF", https://www.kleinezeitung.at/kultur/medien/6276314/Im-Zentrum-mit-Sebastian-Kurz_ExKanzler-Kurz-gibt-Comeback-im-ORF, Abruf 24.9.2023.

Kleine Zeitung (6.6.2023): „Kika/Leiner schließt 23 Filialen, 1900 Mitarbeiter verlieren ihren Job", https://www.kleinezeitung.at/wirtschaft/6296539/Moebelhaeuser_KikaLeiner-schliesst-23-Filialen-1900-Mitarbeiter, Abruf 24.9.2023.

Kleine Zeitung (23.6.2023): „,Nicht nachvollziehbar': Was den Chef der Finanzprokuratur verwundert", https://www.kleinezeitung.at/wirtschaft/6301362/KikaLeinerPleite_Nicht-nachvollziehbar_Was-den-Chef-der, Abruf 24.9.2023.

Kocher, Martin (30.8.2023): Beantwortung der schriftlichen parlamentarischen Anfrage Nr.11535/J der Abgeordneten Julia Herr Kolleginnen und Kollegen, https://www.parlament.gv.at/dokument/XXVII/AB/11212/imfname_1465697.pdf, Abruf 24.9.2023.

KPMG: „Unsere Geschichte", https://kpmg.com/at/de/home/about/kpmg-kompakt/geschichte.html, Abruf 23.9.2023.

Krainer, Kai Jan u.a. (21.9.2022): Antrag betreffend ein Bundesgesetz, mit dem das Bundesgesetz vom 4. Juli 1975 über die Geschäftsordnung des Nationalrates (Geschäftsordnungsgesetz 1975) geändert wird, https://www.parlament.gv.at/dokument/XXVII/A/2823/fname_1470336.pdf, Abruf 24.9.2023.

Kronen Zeitung (28.4.2023): „So greift Datenkrake Palantir in Ukraine-Krieg ein", https://www.krone.at/2992896, Abruf 24.9.2023.

Kurier (7.9.2018): „kika/Leiner: Einigung auf einen Sozialplan steht", https://kurier.at/wirtschaft/kikaleiner-einigung-auf-einen-sozialplan-steht/400112021, Abruf 24.9.2023.

Kurier (15.2.2019): „Aus der Staatsholding ÖBIB wurde die ÖBAG", https://kurier.at/wirtschaft/aus-der-staatsholding-oebib-wurde-die-oebag/400408547, Abruf 23.9.2023.

Kurier (21.6.2019): „Fast drei Millionen Euro Spenden für Bundes-ÖVP 2017", https://kurier.at/politik/inland/fast-drei-millionen-euro-spenden-fuer-bundes-oevp-2017/400529776, Abruf 23.9.2023.

Kurier (27.2.2020): „Stefan Wallner wird Generalsekretär im Sozialministerium", https://kurier.at/politik/inland/stefan-wallner-wird-generalsekretaer-im-sozialministerium/400756986, Abruf 25.9.2023.

Kurier (7.10.2021): „ÖVP-Regierungsmitglieder bleiben nur mit Kurz", https://kurier.at/politik/inland/oevp-ermittlungen-oevp-regierungsmitglieder-bleiben-nur-mit-kurz/401762328, Abruf 24.9.2023.

Kurier (2.12.2021): „‚Gefühl, gejagt zu werden': Sebastian Kurz zieht sich komplett aus Politik zurück", https://kurier.at/politik/inland/ruecktritt-sebastian-kurz-zieht-sich-aus-politik-zurueck/401826547, Abruf 24.9.2023.

Kurier (2.12.2022): „Causa ÖVP: Schmid hat nun Kronzeugen-Status beantragt", https://kurier.at/politik/inland/schmid-hat-nun-kronzeugen-status-beantragt/402246228, Abruf 23.9.2023.

Kurier (6.8.2023): „Kronzeugenregelung wird zur Zitterpartie für Schmid", https://kurier.at/politik/inland/kronzeugenregelung-wird-zur-zitterpartie-fuer-schmid/402548393, Abruf 23.9.2023.

Kurier (21.8.2023): „Kika/Leiner-Pleite: Hauptgläubiger ist das Finanzamt mit 46 Millionen Euro", https://kurier.at/wirtschaft/kikaleiner-pleite-hauptglaeubiger-ist-das-finanzamt-mit-46-millionen-euro/402564170, Abruf 24.9.2023.

Kurz, Sebastian (18.5.2019): Pressekonferenz von Sebastian Kurz am 18.05.19, https://www.youtube.com/watch?v=Kh7brhfPirg, Abruf 25.9.2023.

Kurz, Sebastian (18.8.2023): Tweet in X (=Twitter), https://twitter.com/sebastiankurz/status/1692441490977370136, Abruf 23.9.2023.

NEWS (27.5.2014): „EU-Wahl: Gusenbauer lobt ÖPV-Kandidat Karas", https://www.news.at/a/eu-wahl-gusenbauer-lob-karas, Abruf 24.9.2023.

ÖBAG: „Das Portfolio der ÖABG", https://oebag.gv.at/organisation/portfolio/, Abruf 23.9.2023.

ÖBAG (27.3.2019): „ÖBAG: Aufsichtsrat bestellt neuen Vorstand", https://www.ots.at/presseaussendung/OTS_20190327_OTS0167/oebag-aufsichtsrat-bestellt-neuen-vorstand-bild, Abruf 23.9.2023.

ÖBAG (14.4.2020): „Corporate Governance Bericht für das Geschäftsjahr 2019", https://oebag.gv.at/wp-content/uploads/2021/02/corporate_governance_bericht_2019.pdf, Abruf 23.9.2023.

Oe24 (1.6.2021): „ÖBAG-Chef Schmid: Brisante Reisen mit Krone-Boss Dichand", https://www.oe24.at/oesterreich/politik/oebag-chef-schmid-brisante-reisen-mit-krone-boss-dichand/479349469, Abruf 25.9.2023.

Oe24 (15.2.2022): „Schmid: Auch späterer Cofag-Chef war ein Viel-Chatter", https://www.oe24.at/oesterreich/politik/affaeren/schmid-auch-spaeterer-cofag-chef-war-ein-viel-chatter/510763776, Abruf 24.9.2023.

Oe24 (12.3.2022): „Beinschab outet gefälschte SPÖ-Umfragen in HEUTE", https://www.oe24.at/oesterreich/chronik/beinschab-outet-gefaelschte-spoe-umfragen-in-heute/513459304, Abruf 24.9.2023.

Oe24 (29.8.2023): „Ex-Sprecher Frischmann kehrt zu Kurz zurück", https://www.oe24.at/oesterreich/politik/aktuell/ex-sprecher-frischmann-kehrt-zu-kurz-zurueck/567274577, Abruf 24.9.2023.

OGM (27.6.2020): „OGM – Sonntagsfrage Nationalratswahl Juni 2020", https://www.ogm.at/2020/06/27/ogm-sonntagsfrage-nationalratswahl-2020/, Abruf 23.9.2020.

OÖ Nachrichten (17.5.2023): „‚Unter Vorbehalt‘: Seniorenbund hat Corona-Hilfen zurückbezahlt“, https://www.nachrichten.at/politik/landespolitik/unter-vorbehalt-seniorenbund-hat-corona-hilfen-zurueckbezahlt;art383,3833410, Abruf 24.9.2023.

OÖ Nachrichten (21.8.2023): „‚Österreichisch-ungarischer Gipfel‘: Kurz bei Orbán in Budapest“, https://www.nachrichten.at/politik/aussenpolitik/kurz-und-erdogan-treffen-sich-mit-orban;art391,3872897, Abruf 24.9.2023.

ORF.at (15.3.2020): „Kurz: Österreich auf Notbetrieb“, https://orf.at/stories/3157989/, Abruf 23.9.2023.

ORF.at (28.3.2021): „Chats zeigen, wie Schmid ÖBAG-Chef wurde“, https://orf.at/stories/3207036/, Abruf 23.9.2023.

ORF.at (6.9.2023): „ÖVP-Prominenz bei Premiere von „Kurz – Der Film““, https://orf.at/stories/3330232/, Abruf 24.9.2023.

Parlament (16.7.2020): Veröffentlichung des wörtlichen Protokolls über die öffentliche Befragung der Auskunftsperson Sebastian Kurz in der 7. Sitzung vom 24. Juni 2020, https://www.parlament.gv.at/dokument/XXVII/KOMM/50/fname_813077.pdf, Abruf 23.9.2023.

Parlament (13.4.2021): Veröffentlichung des wörtlichen Protokolls über die öffentliche Befragung der Auskunftsperson Mag. Bernhard Bonelli, MBA in der 31. Sitzung vom 27. Jänner 2021, https://www.parlament.gv.at/dokument/XXVII/KOMM/160/fname_949067.pdf, Abruf 23.9.2023.

Parlament (24.6.2021)/1: Veröffentlichung des wörtlichen Protokolls über die öffentliche Befragung der Auskunftsperson Prof. Mag. Helmut Kern, MA in der 46. Sitzung vom 4. Mai 2021, https://www.parlament.gv.at/dokument/XXVII/KOMM/237/fname_986561.pdf, Abruf 23.9.2023.

Parlament (24.6.2021)/2: Veröffentlichung des wörtlichen Protokolls über die öffentliche Befragung der Auskunftsperson Dr.in Karin Kneissl in der 46. Sitzung vom 4. Mai 2021, https://www.parlament.gv.at/dokument/XXVII/KOMM/238/fname_986564.pdf, Abruf 25.9.2023.

Parlament (4.5.2022)/1: Veröffentlichung des wörtlichen Protokolls über die öffentliche Befragung der Auskunftsperson Mag. (FH) Michael Krammer in der 6. Sitzung vom 9. März 2022, https://www.parlament.gv.at/dokument/XXVII/KOMM/461/fname_1444668.pdf, Abruf 23.9.2023.

Parlament (4.5.2022)/2: Veröffentlichung des wörtlichen Protokolls über die öffentliche Befragung der Auskunftsperson Dipl.-Kfm. Eduard Müller, MBA in der 5. Sitzung vom 3. März 2022, https://www.parlament.gv.at/dokument/XXVII/KOMM/458/fname_1444734.pdf, Abruf 23.9.2023.

Parlament (4.5.2022)/3: Veröffentlichung des wörtlichen Protokolls über die öffentliche Befragung der Auskunftsperson MinR Sektionschef Univ.-Prof. DDr. Gunter Mayr in der 7. Sitzung vom 10. März 2022, https://www.parlament.gv.at/dokument/XXVII/KOMM/464/fname_1444671.pdf, Abruf 23.9.2023.

Parlament (4.5.2022)/4: Veröffentlichung des wörtlichen Protokolls über die öffentliche Befragung der Auskunftsperson Fachvorstand HR Dr. Gerhard Weinmann in der 7. Sitzung vom 10. März 2022, https://www.parlament.gv.at/dokument/XXVII/KOMM/463/fname_1444670.pdf, Abruf 23.9.2023.

Parlament (4.5.2022)/5: Veröffentlichung des wörtlichen Protokolls über die öffentliche Befragung der Auskunftsperson Prof. KommR Ing. Siegfried Wolf in der 10. Sitzung vom 6. April 2022, https://www.parlament.gv.at/dokument/XXVII/KOMM/470/fname_1444682.pdf, Abruf 23.9.2023.

Parlament (4.5.2022)/6: Veröffentlichung des wörtlichen Protokolls über die öffentliche Befragung der Auskunftsperson Dr. Johann Georg Schelling in der 10. Sitzung vom 6. April 2022, https://www.parlament.gv.at/dokument/XXVII/KOMM/471/fname_1444683.pdf, Abruf 23.9.2023.

Parlament (14.7.2022)/1: Veröffentlichung des wörtlichen Protokolls über die öffentliche Befragung der Auskunftsperson Mag. Gerald Fleischmann, MSc in der 25. Sitzung vom 30. Juni 2022, https://www.parlament.gv.at/dokument/XXVII/KOMM/555/fname_1462663.pdf, Abruf 24.9.2023.

Parlament (14.7.2022)/2: Veröffentlichung des wörtlichen Protokolls über die öffentliche Befragung der Auskunftsperson Dipl.-Ing. Paul Unterhuber in der 25. Sitzung vom 30. Juni 2022, https://www.parlament.gv.at/dokument/XXVII/KOMM/554/fname_1462661.pdf, Abruf 24.9.2023

Parlament (14.7.2022)/3: Veröffentlichung des wörtlichen Protokolls über die öffentliche Befragung der Auskunftsperson Elisabeth Köstinger in der 23. Sitzung vom 23. Juni 2022, https://www.parlament.gv.at/dokument/XXVII/KOMM/550/fname_1462657.pdf, Abruf 24.9.2023.

Parlament (19.10.2022)/1: Veröffentlichung des wörtlichen Protokolls über die öffentliche Befragung der Auskunftsperson Dr. Martin Malaun in der 31. Sitzung vom 15. September 2022, https://www.parlament.gv.at/dokument/XXVII/KOMM/635/fname_1478626.pdf, Abruf 24.9.2023.

Parlament (19.10.2022)/2: Veröffentlichung des wörtlichen Protokolls über die öffentliche Befragung der Auskunftsperson Dr.in Margarete Schramböck in der 27. Sitzung vom 14. Juli 2022, https://www.parlament.gv.at/dokument/XXVII/KOMM/628/fname_1478613.pdf, Abruf 24.9.2023.

Parlament (19.10.2022)/3: Veröffentlichung des wörtlichen Protokolls über die öffentliche Befragung der Auskunftsperson Sebastian Kurz in der 32. Sitzung vom 28. September 2022, https://www.parlament.gv.at/dokument/XXVII/KOMM/638/fname_1478631.pdf, Abruf 24.9.2023.

Parlament (23.11.2022): Veröffentlichung des wörtlichen Protokolls über die öffentliche Befragung der Auskunftsperson MMag. Thomas Schmid in der 38. Sitzung vom 3. November 2022, https://www.parlament.gv.at/dokument/XXVII/KOMM/655/fname_1485767.pdf, Abruf 23.9.2023.

Parlament (6.12.2022): Veröffentlichung des wörtlichen Protokolls über die öffentliche Befragung der Auskunftsperson Präsidentin des Rechnungshofes Dr.in Margit Kraker in der 41. Sitzung vom 24. November 2022, https://www.parlament.gv.at/dokument/XXVII/KOMM/701/fname_1487677.pdf, Abruf 24.9.2023.

Parlament (16.12.2022): Veröffentlichung des wörtlichen Protokolls über die öffentliche Befragung der Auskunftsperson Dipl.-Ing. Bernhard Perner in der 40. Sitzung vom 23. November 2022, https://www.parlament.gv.at/dokument/XXVII/KOMM/699/fname_1487675.pdf, Abruf 24.9.2023.

Parlament (14.2.2023): Veröffentlichung des wörtlichen Protokolls über die öffentliche Befragung der Auskunftsperson Mag. Marc Schimpel, MBA in der 44. Sitzung vom 6. Dezember 2022, https://www.parlament.gv.at/dokument/XXVII/KOMM/728/fname_1520915.pdf, Abruf 24.9.2023.

Parlament (20.3.2023): Bericht des Untersuchungsausschusses betreffend Klärung von Korruptionsvorwürfen gegen ÖVP-Regierungsmitglieder (ÖVP-Korruptions-Untersuchungsausschuss) 4/US) (1996 d.B.), https://www.parlament.gv.at/dokument/XXVII/I/1996/imfname_1549969.pdf, Abruf 23.9.2023.

Profil (8.10.2021): „Warum wurde in Bundesheer-Umfrage nach Kurz-Beliebtheitswerten gefragt?", https://www.profil.at/oesterreich/warum-wurde-in-bundesheer-umfrage-nach-kurz-beliebtheitswerten-gefragt/401763132, Abruf 24.9.2023.

Profil (25.2.2022): „ÖVP-Inseratenaffäre: Die Beinschab-Protokolle", https://www.profil.at/oesterreich/oevp-inseratenaffaere-die-beinschab-protokolle/401917921, Abruf 24.9.2023.

Rechnungshof (28.10.2022): „Rechnungshof zeigt ‚beträchtliches Überförderungspotenzial' bei COFAG-Hilfen auf", https://www.rechnungshof.gv.at/rh/home/news/news/aktuelles/Ueberfoerderungspotenzial_bei_COFAG-Hilfen.html#, Abruf 24.9.2023.

Rechnungshof (2022): COFAG und Zuschüsse an Unternehmen – Bericht des Rechnungshofes Reihe BUND 2022/31, https://www.rechnungshof.gv.at/rh/home/home/Bund_2022_31_COFAG.pdf, Abruf 24.9.2023.

Schallenberg, Alexander (30.8.2022): Beantwortung der schriftlichen parlamentarischen Anfrage Nr. 11539/J der Abgeordneten Julia Herr, Kolleginnen und Kollegen, https://www.parlament.gv.at/dokument/XXVII/AB/11240/imfname_1465829.pdf, Abruf 24.9.2023.

Supernova (1.6.2023): „PRESSEINFORMATION: Kika/Leiner mit neuen Eigentümern", https://www.supernova.at/wp-content/uploads/2023/06/20230601_PA_Uebernahme1-002.pdf, Abruf 24.9.2023.

Tanner, Klaudia (30.8.2022): Beantwortung der schriftlichen parlamentarischen Anfrage Nr. 11544/J der Abgeordneten Julia Elisabeth Herr, Kolleginnen und Kollegen, https://www.parlament.gv.at/dokument/XXVII/AB/11206/imfname_1465672.pdf, Abruf 24.9.2023.

Tiroler Tageszeitung (8.6.2021): „ÖBAG-Chef Schmid tritt zurück und entschuldigt sich für ‚zynische' Chats", https://www.tt.com/artikel/30793452/oebag-chef-schmid-tritt-zurueck-und-entschuldigt-sich-fuer-zynische-chats, Abruf 23.9.2023.

Tiroler Tageszeitung (8.10.2022): „Sebastian Kurz steigt bei Pflege-Start-Up ‚HeldYn' ein", https://www.tt.com/artikel/30834017/sebastian-kurz-steigt-bei-pflege-start-up-heldyn-ein, Abruf 24.9.2023.

Totschnig, Norbert (30.8.2022): Beilage zur Beantwortung der schriftlichen parlamentarischen Anfrage Nr. 11543/J der Abgeordneten Julia Elisabeth Herr Kolleginnen und Kollegen, https://www.parlament.gv.at/dokument/XXVII/AB/11274/imfname_1465971.pdf, Abruf 24.9.2023.

Trend (13.5.2012): „Der Millionär als Bauer und Banker", https://www.trend.at/wirtschaft/business/der-millionaer-bauer-banker-327611, Abruf 24.9.2023.

Trend (38/2015): „Casino-Poker: Die Schlacht der Milliardäre", https://www.trend.at/wirtschaft/oesterreich/casino-poker-schlacht-milliardaere-5860370, Abruf 24.9.2023.

Trend (14.6.2018): „René Benkos Signa übernimmt Kika/Leiner", https://www.trend.at/wirtschaft/signa-kika-leiner-gruppe-10131731, Abruf 24.9.2023.

Trend (15.4.2023): „Sebastian Kurz: ‚Ich war immer korrekt' [INTERVIEW]", https://www.trend.at/wirtschaft/sebastian-kurz-interview-0423, Abruf 24.9.2023.

Trend (6.7.2023): „Signa-Chef René Benko: Ausverkauf beim Immobilienmagnat und Kaufhauskönig“, https://www.trend.at/leaders/rene-benko, Abruf 24.9.2023.

Unzensuriert (8.7.2021): „Rätselraten um SMS-Nachrichten und Klimt-Bilder des ‚Krone‘-Herausgebers“, https://www.unzensuriert.at/131206-raetselraten-um-sms-nachrichten-und-klimt-bilder-des-krone-herausgebers/, Abruf 24.9.2023.

Unzensuriert (16.3.2022): „‚Heute‘ wehrt sich gegen Vorwurf von gefälschten Politik-Umfragen“, https://unzensuriert.at/144861-heute-wehrt-sich-gegen-vorwurf-von-gefaelschten-politik-umfragen/, Abruf 24.9.2023.

Unzensuriert (15.6.2022): „Treichl wortkarg und Meinl-Reisinger stumm nach Bilderberger-Treffen“, https://www.unzensuriert.at/149822-treichel-wortkarg-und-meinl-reisinger-stumm-nach-bilderberger-treffen/, Abruf 24.9.2023.

Unzensuriert (30.12.2022): „Inserate, Geheimdienste, Zensur: Hafenecker fordert Corona-Untersuchungsausschuss“, https://www.unzensuriert.at/164992-inserate-geheimdienste-zensur-hafenecker-fordert-corona-untersuchungsausschuss/, Abruf 24.02.2023.

Unzensuriert (23.3.3023): „Regierung und linke Opposition verhindern (vorerst) Einsetzung von Corona-Untersuchungsausschuss“, https://www.unzensuriert.at/172521-regierung-und-linke-opposition-verhindern-vorerst-einsetzung-von-corona-untersuchungsausschuss/, Abruf 24.9.2023.

Van der Bellen, Alexander (24.11.2016): „Video-Statement von Gertrude“, in: Facebook, https://www.facebook.com/watch/?v=1366125040099201, Abruf 24.9.2023.

Van der Bellen, Alexander (18.5.2019): Stellungnahme von Alexander Van der Bellen am 18.05.19, https://www.youtube.com/watch?v=D7Kzs8Q9nkA, Abruf 25.9.2023.

Weekend (18.4.2023): „Wieder vereint: Köstinger, Kurz und Blümel arbeiten unter einem Dach“, https://www.weekend.at/politik/kurz-koestinger-bluemel-tuerkise-job, Abruf 24.9.2023.

WirtschaftsWoche (13.10.2017): „Woher Favorit Sebastian Kurz das Geld bekommt“, https://www.wiwo.de/politik/europa/oesterreich-wahl-woher-favorit-sebastian-kurz-das-geld-bekommt/20452948.html, Abruf 24.9.2023.

WKStA (6.10.2021): „Pressemitteilung der Wirtschafts- und Korruptionsstaatsanwaltschaft (WKStA) zu den am 6. Oktober 2021 durchgeführten Hausdurchsuchungen“, https://www.justiz.gv.at/file/2c92fd157a781f60017c55f6828e3c5e.de.0/medieninformation%20der%20wksta%206.10.2021.pdf?forcedownload=true, Abruf 24.9.2023.

WKStA (30.3.2023): „Pressemitteilung der Wirtschafts- und Korruptionsstaatsanwaltschaft (WKStA) zum CASAG-Verfahrenskomplex vom 30.3.2023“, https://www.justiz.gv.at/wksta/wirtschafts-und-korruptionsstaatsanwaltschaft/medienstelle/pressemitteilungen/pressemitteilungen-2023/pressemitteilung-der-wirtschafts-und-korruptionsstaatsanwaltschaft-(wksta)-zum-casag-verfahrenskomplex-vom-30-maerz-2023.c08.de.html, Abruf 24.9.2023.

WKStA (9.8.2023): Strafantrag gegen Mag. Bettina GLATZ-KREMSNER, Sebastian KURZ, Mag. Bernhard BONELLI, MBA.

WKStA (23.8.2023): „Presseinformation zur Causa DEMOX/Ministeriumsumfragen“, https://www.justiz.gv.at/wksta/wirtschafts-und-korruptionsstaatsanwaltschaft/medienstelle/pressemitteilungen/pressemitteilungen-2023/presseinformation-zur-causa-demox-ministeriumsumfragen.cce.de.html, Abruf 24.9.2023.

ZackZack (25.3.2022): „Justizministerium: Über 24.000 Euro für U-Ausschuss-Beratung“, https://zackzack.at/2022/03/25/justizministerium-ueber-24-000-euro-fuer-u-ausschuss-beratung, Abruf 24.9.2023.

Zmuegg, Gerald (12.6.2023): „KIKA/Leiner: Die Bank gewinnt immer“, https://www.ots.at/presseaussendung/OTS_20230612_OTS0070/kikaleiner-die-bank-gewinnt-immer, Abruf 24.9.2023.

Abbildungsverzeichnis

Impressum

Christian Hafenecker
KURZ MAL WEG

Verlag Frank&Frei
Wien 2023
www.frankundfrei.online
t.me/verlagfrankundfrei

ISBN: 978-3-903236-79-0
eISBN: 978-3-903236-80-6

Gedruckt in der EU
Titelfoto: ©Shutterstock